AF344912

Para uma Introdução à Sociologia da Arte

Carla Alexandra Gonçalves

John Everett Millais, A Huguenot, on St. Bartholomew's Day, Refusing
to Shield Himself from Danger by Wearing the Roman Catholic Badge,
1852 (pormenor)

ISBN: 978-84-9916-591-2

Depósito Legal: M-12946-2010

Impresso em Portugal / Printed in Portugal
Impresso pela Bubok

Ao Afonso e ao Filipe

Índice:

Apresentação 9

1. A Sociologia da Arte 11

   1.1. O que é a Sociologia da Arte..11

     1.1.1. *Logos societas* 11

     1.1.2. A Sociologia da Arte...14

     1.1.2.1. A sociologia da arte — entre a estética sociológica e a história social da arte 25

     1.1.2.2. As limitações teórico-práticas da (clássica) análise social da arte.......................27

     1.1.2.3. Algumas inquietações teóricas 31

     1.1.2.4. Os papéis de Arnold Hauser e de Nicos Hadjinicolaou
no estudo da arte como uma entidade social 34

2. Da Teoria da Arte entre os séculos XVIII e XX 39

   2.1. Ou dos outros fundamentos para uma sociologia da arte 39

     2.1.1. O método iconológico...45

3. Karl Marx (1818/1883) e Friedrich Engels (1820/1895) 47

   3.1. O materialismo histórico 47

   3.2. As origens do pensamento de Karl Marx..51

   3.3. Das poucas ideias de Marx e Engels sobre a arte 58

4. A fortuna do materialismo 60

   4.1. Os destinos da sociologia da arte 61

   Os autores, os estudos e as ideias fundamentais..61

     4.1.1. Georges Plekhanov 61

     4.1.2. Trotsky e Lenine..63

     4.1.3. György Luckács 64

     4.1.4. Galvano della Volpe 65

     4.1.5. Max Raphaël 66

     4.1.6. Arnold Hauser 66

     4.1.7. Pierre Francastel 74

4.1.8. Frederick Antal 81

4.1.9.Nicos Hadjinicolaou 86

4.1.10. Theodor Adorno 90

4.1.11. Herbert Marcuse 98

4.1.12. Giulio Carlo Argan 103

5. Da arte e da Sociedade...111

5.1. as ideias de *massificação* e de reprodução da arte com Walter Benjamin 111

5.2. Os públicos e os mercados da arte 117

5.3. Para quem trabalha o artista? 120

Bibliografia: 129

Apresentação

Este livro apresenta-se como um trabalho de síntese e de propagação que funciona, antes de tudo, como um texto ao serviço de quem necessite dos rudimentos de trabalho na área do saber reconhecida como Sociologia da Arte.

Não se pretende, com este pequeno livro, apresentar novidades de investigação, ou teorias inéditas sobre os assuntos que nele se revelam, mas abrir os caminhos à investigação ulterior, já que ocorre com pretensões de difusão, e tentando colmatar uma lacuna patente no mercado editorial português que não contempla sínteses concertadas sobre o tema em aferição. O título escolhido para nomear esta pequena síntese, *Para uma Introdução à Sociologia da Arte*, expressa que este volume podia ter seguido outros rumos, podia ter-se escrito de múltiplas formas, podia ter-se feito apoiar noutras fontes, servindo-se dos tantos autores que ficaram por incluir, e que muitas ideias não foram sequer abordadas. Trata-se, por isso mesmo, de um roteiro possível, entre múltiplas escolhas. A selecção dos assuntos para a construção deste volume fez-se atendendo ao carácter de divulgação do escrito e, nessa medida, escoam-se ideias simples sobre o sistema de pensamento que enforma as matérias veiculadas.

Esta introdução ao tema, tem como meta abrir o olhar ao assunto que é denso, e que se expande com consistência: a aplicabilidade prática dos processos sociológicos ao estudo das artes. Para além deste objectivo genérico, este texto deseja ainda demonstrar que a arte é, de facto, um fenómeno social, na medida da sua constituição, ou compleição cultural (mas também técnica e estética), bem como na ordem da sua ligação com o homem, na sua dimensão transpessoal. A obra de arte, entendida agora como um objecto, ou como um acontecimento estético com intenções demarcadas, que funciona como um procedimento que permite ao homem estabelecer pontes entre a realidade e os sistemas simbólicos, que declara, aclara e compreende o mundo, que veicula conhecimento, que comunica, através de uma linguagem que lhe é própria, e que promove diálogos, como um sistema discursivo que promove encontros entre homens, suturando-os, ou não, e que conduz a humanidade a outros lugares, onde a expressão comunga com o fascínio, onde o encanto irmana com desencantos, onde as certezas pairam sob os equívocos, numa prenhe relação de dominação...

1. A Sociologia da Arte

1.1. O que é a <u>Sociologia</u> da Arte

1.1.1. *Logos societas*

«[...] a sociedade é, antes de mais, o objecto da sociologia [...].

E se me perguntardes o que devia ser a sociologia, então eu diria que ela tem de ser o exame da sociedade, do essencial da sociedade, o exame do existente, mas num sentido tal que este exame seja crítico, porquanto ela é aquilo que socialmente "é o caso", como diria Wittgenstein, no qual se prescinde daquilo que reivindica ser por si próprio para, simultaneamente, nesta contradição, rastrear o potencial, as possibilidades de uma mudança da constituição social total.»[1].

O texto acima transcrito foi buscar-se à segunda *Lição de Sociologia* do último curso dado por Adorno em 1968. Apesar de o Professor ter referido que esta não seria uma definição de sociologia, pedindo aos seus estudantes para não anotarem aquelas palavras, tomamos por começo esta *descrição*, acrescentando tratar-se de uma enunciação ideal, mas também um pouco estanque. Adorno foi bastante claro quando proferiu que a sociologia é, ou deve ser, aquilo que se faz através dela.

O autor entende que, de um modo geral, não devem oferecer-se definições aos discípulos, por tratar-se de um modo de ensino e de pensamento tradicionalista, fixista, e que

---

[1] Theodor W. Adorno, *Lições de Sociologia*, trad. Artur Mourão, Lisboa, Edições 70, 2004, pp. 14 e 27 (respectivamente).

procura organizar as coisas segundo conceitos rígidos, facto que não corresponde à realidade do mundo e dos acontecimentos[2].

A sociologia ocupa-se de tudo quanto diz respeito ao homem e à sociedade, empregando-se também em coisas e em problemas que, por vezes, nem possuem quaisquer relações directas com a sociedade, mas porque são *coisas*, ou *problemas* socialmente mediados. Isto porque é difícil entender o que é *socialmente relevante*, isto porque não é fácil escrutinar o que é *essencial*[3] em sociedade. Em sociedade, é imprescindível que conheçamos alguns fenómenos laterais, porque eles conduzem, ou podem conduzir, a factos socialmente relevantes. É, pois, importante, que em sociologia se pesquise através de métodos de investigação eficazes, ao invés de procurar-se qual é a relevância dos objectos a trabalhar.

Mais acrescenta o autor que temos vindo a seguir, que: «Quem não olhar para o modo como o essencial aparece, ou concerne aos fenómenos sociais individuais, quem não souber ler ou identificar os *faits sociaux* individuais como cifras do social, não deve, segundo a minha concepção de sociologia, tomar em mãos esta ciência e deve, de preferência, tornar-se um especialista social, ou como se lhe queira chamar, mas sociólogo não é. Também não é sociólogo, aquele que se contenta com intuições de essências e não verifica semelhantes intuições nas condições históricas numa medida essencial, sob as quais se gerou o fenómeno e que o fenómeno, tantas vezes, expressa e articula.»[4].

---

[2] Concorde-se com esta teoria, porque um professor deve oferecer a um estudante a possibilidade de ser ele próprio a chegar ao conhecimento, bem como às suas próprias definições, como cumes de síntese pessoais.

[3] Para Theodor Adorno, que seguimos, o conceito *essencial*, também neste contexto afirmativo, relaciona-se com *essência* que se descortina nos fenómenos, ou seja, as questões essenciais, em sociologia, são aquelas que detêm uma importância essencial para a sobrevivência e para a liberdade do género humano (Theodor Adorno, *Lições de Sociologia*, …, p. 40), ou seja, este conceito, assim aplicado, não é o mesmo que se usa em filosofia, ou na teoria do conhecimento. A sociologia, ou qualquer outra ciência do social deve estar atenta ao essencial, e essenciais são: «as leis objectivas do movimento da sociedade que decidem do destino dos homens, que constituem a sua sina […] e, por outro lado, também é essencial a possibilidade, o potencial, de que as coisas possam vir a ser diferentes, de que a sociedade deixe de ser uma associação constritiva, onde nos encontramos. Mas estas leis objectivas do movimento conservam a sua validade apenas na medida em que se expressam, de facto, nos fenómenos sociais, e não se forem criadas no sentido de uma mera derivação dedutiva de conceitos puros.» (Cf. T. Adorno, *Lições de Sociologia*, pp. 36 e 37).

[4] Theodor Adorno, *Lições de Sociologia*, …, p. 36.

Assim sendo, a sociologia como ciência não teria limites concretos, apresentando um objecto de estudo infinito... Todavia, conhece-se a tarefa da sociologia, que é a de ater-se a «certas determinações essenciais, como a de classe [social], que subsistem num sentido decisivo, a saber, na dependência da maioria dos homens de processos económicos autónomos e opacos. Consiste também em derivar da própria tendência de desenvolvimento, ou pelo menos em compreender as modificações que conduzem a que um estado de coisas fundamental, como o da existência de classes, já não se manifeste hoje, no sentido tradicional.»[5].

A grande tarefa da sociologia é, então, o estudo, ou o conhecimento (científico) da sociedade (ou *logos societas*). Neste caso, e porque não há *Uma* sociedade, mas várias, e porque há sociedades diferentes que coexistem no tempo, e porque há diferentes sociedades ao longo dos tempos, deve encontrar-se um caminho que leve ao estudo consertado de todas elas. É neste sentido que o sociólogo deve preocupar-se com as questões essenciais da Sociedade, porque «existe entre os homens uma *relação funcional*, [apenas] variável segundo os graus históricos, em que todos os membros da sociedade estão implicados e que assume, perante eles, uma espécie de autonomia.»[6].

A *sociedade socializada* prende-se, então, com esta *relação funcional*, mas também com a *relação de troca*s que a abarca, ou que nela se pratica. Está aqui subjacente a ideia de que numa sociedade socializada há uma dominação dos homens pelos homens, porque também há uma relação entre produtores e receptores, porque há um sentido de relação entre os homens, através da própria relação de troca.

Em suma, o conceito de *sociedade* é o mais amplo e universal *conceito de relação* que se conhece[7]. Trata-se, neste sentido, de uma relação entre elementos, e a sua interacção.

---

[5] Theodor Adorno, *Lições de Sociologia*, ..., p. 39.

[6] Theodor Adorno, *Lições de Sociologia*, ..., p. 48.

[7] Para Adorno, o conceito de sociedade deve entender-se como uma categoria relacional (e dinâmica) que liga uma comunidade, e com base nos indivíduos, mas que não se esgota neles. Uma sociedade constrói-se mediante uma rede de relações estabelecidas entre os homens (com interesses antagónicos), e baseada na troca.

A sociedade também se concebe como um agregado de seres humanos ligados entre si no interior de uma estrutura englobante, ou ainda como um todo gerado por partes, e como uma *colectividade inclusa* e mais ou menos coesa. Segundo Edward Shils, uma «sociedade — uma sociedade humana — é um sistema diferenciado e coordenado das acções institucionalizadas e livremente adaptáveis de indivíduos, que se auto-reproduz através do tempo e que age no interior de um território que possui significado para aqueles que nele residem.»[8].

Numa conclusão, ainda que muito limitada e parcelar, a sociologia é uma reflexão sobre determinados momentos sociais, e essas reflexões fazem-se desde a «simples constatação fisionómica de implicações sociais, até à formação de teorias sobre a totalidade social»[9]. Trata-se da tentativa de compreender, interpretando, o «agir social e explicar, assim, as causas da sua evolução e os seus efeitos.»[10].

1.1.2. A Sociologia da Arte

Para Émile Durkheim, a sociologia *pode ser* a ciência que estuda os *factos sociais*, ou seja, aquela que estuda «todos os fenómenos que ocorrem na sociedade, por pouco que apresentem, com uma certa generalidade, algum interesse social»[11]. Trata-se de uma ordem de factos que apresentam características especiais: «consistem em maneiras de agir, de pensar e de sentir exteriores ao indivíduo, e dotadas de um poder coercivo em virtude do qual se

---

[8] Edward Shils, *Centro e Periferia*, Col. Memória e Sociedade, Lisboa, Difel, 1992, p. 73.

[9] Theodor Adorno, *Lições de Sociologia*, …, p. 149.

[10] Theodor Adorno, *Lições de Sociologia*, …, p. 151.

[11] Émile Durkheim, *As regras do método sociológico*, trad. Eduardo Lúcio Nogueira, Lisboa, Presença, 2004, p. 37.

impõem.»[12]. O que constitui esses factos são as crenças, as tendências e as práticas do grupo como uma entidade colectiva (o estado de *alma colectiva*[13]).

Depois da introdução ao que pode ser a sociologia e ao que pode ser um facto social, deverá ser-nos mais fácil entender que a sociologia da arte é um tipo de aproximação ao estudo do facto artístico. E o estudo do facto artístico não pode bastar-se ao estudo do facto contemporâneo (como fariam os sociólogos), mas ele tem de estender-se, inevitavelmente, pelo trabalho nas várias conjunturas históricas. Na nossa perspectiva, deve realizar-se um trabalho paralelo ao da história da arte, ou deve estudar-se *o facto artístico na sua dimensão histórica* (e conjuntural), porque o objectivo deste método (a sociologia da arte) é, como em outros, a compreensão da obra de arte numa dimensão trans-individual e arreigada ao mundo.

Neste sentido, e porque a leitura da obra de arte enquanto facto, ou enquanto meio social (e sociológico) assim no-lo impele, devemos procurar entender o contexto do seu nascimento, ou do seu surgimento em determinada conjuntura social, do seu desenvolvimento, bem como o seu impacto no(s) seu(s) seio(s) de acolhimento, ou no meio dos que a recebem, dos que a repelem, e também dos que pura e simplesmente a não alcançam.

A sociologia da arte tenta, pois, analisar como a obra de arte despoletou, como se desenvolveu e como foi acolhida: das suas condições de produção, dos seus artistas, dos promotores das obras de arte (o patrono ou o encomendador se o houver), à sua comercialização, ou a chegada ao mercado, aos efeitos que a obra produziu na(s) sociedade(s), e os seus níveis de receptividade. Trata-se de um exame que requer, muito naturalmente, que o estudioso entenda a realidade (como um todo macro e microscópio) como um suporte de produção artística, e a obra de arte como um suporte da realidade. Esta relação é, justamente, uma relação de troca entre sujeitos, uma relação de poder, uma relação entre os Homens, mediante a obra como trajecto, e como mediação de discurso(s). A construção desta realidade

---

[12] Émile Durkheim, *As regras do método sociológico* ..., p. 39. Relativamente à *coerção* importa acrescentar que, para o autor, os tipos de comportamento sociais são, quase todos, dotados de um poder imperativo e coercivo que se impõem ao indivíduo, actuando juridicamente ou moralmente (a consciência pública reprime através da vigilância...). Aliás, *um facto social*, segundo **Durkheim**, reconhece-se pelo **poder de** *coerção externa que exerce*, ou que pode exercer **sobre os indivíduos**, e pela **sua capacidade de difusão no grupo** (as crenças, a moral, o direito, a economia, os usos, etc.).

[13] Émile Durkheim, *As regras do método sociológico* ..., p. 43.

faz-se em dois sentidos interactuantes: a obra de arte oferece-se partindo do mundo, e a obra de arte oferece mundo(s).

A arte possui relações vivas e fecundas com o sistema da realidade global, ou, se quisermos, com todas as *estruturas* sociais, tais como a política e a económica, bem como com a estrutura sociocultural e mental vigentes na altura da sua concepção, desenvolvimento e término (se o houver). A arte, porquanto consubstancia uma produção (estética) feita pelo homem, está imersa na sua *situação* de nascença e de desenvolvimento específicos, e como ela é linguagem aplicada, como ela é instrumento de diálogo, e porque ela estabelece relações discursivas, também possui uma capacidade, embora utilizando um dialecto que lhe é próprio, de construir e de enriquecer (ou não) as estruturas sociais com as quais convive em partilha cultural dialogante, ou interactuante.

A sociologia da arte consolida (ainda) um mecanismo metodológico também fundado na teoria que postula sobre a relação de linguagem mantida entre a arte, o artista, e os seus receptores, ou seja, na teoria que defende ser o objecto estético um género de comunicação. A linguagem própria da arte permite dar a conhecer as intenções do artista quando produziu determinada obra, permitindo reconhecer a intenção que ela mesma carrega. Segundo as palavras de Dabney Townsend, o «que é comunicado consiste em algo que é primeiramente intuído pelo autor (talvez na linguagem dessa forma de arte), para ser depois expresso na linguagem própria do objecto estético. O propósito do objecto estético é expressar algo. Sabe-se que coisa é essa quando se coloca a questão sobre o que se comunica, ou o que é que o artista pretende comunicar.»[14].

A ideia da expressão artística como linguagem é utilíssima, na medida em que nos permite entender que quando estamos perante uma obra de arte a devemos ler, ou escutar, ou devemos deixar que ela fale (expressando-se).

Devemos conceber, neste contexto metodológico, que o artista é um homem que trabalha como um membro activo da, e na sociedade, e que é um sujeito que "está sujeito",

---

[14] Dabney Townsend, *Introdução à Estética, História, Correntes, Teorias*, trad. Paula Mourão, Lisboa, Edições 70, 2002, p. 128.

como mais um elemento neste elenco da vida e do quotidiano (praxis) da humanidade. Constituindo ele uma parte da, na, e para a sociedade, o artista revive-se nela ou rebela-se contra ela, ou aliena-se, numa disposição suicidária relativamente ao todo do qual faz, intrinsecamente, parte. Conforme escreveu o pintor Antoni Tàpies (em 1955): «Ao formar-se, portanto, uma nova visão da realidade, que deve ser precisamente o conteúdo da nossa obra, cria-se imediatamente, como já se disse, um conflito com os conceitos caducos, e é natural sentirmos um impulso poderoso para a rebeldia e para a acção e, consequentemente, esforçarmo-nos por encaminhar a nossa energia, a nossa luta interna, para conseguir dar forma directa e eficaz, de acordo com as nossas faculdades e a habilidade que sabemos ter, às ambições e às descobertas que vamos fazendo.»[15].

O empenhamento social (ou o seu *serviço social*) do artista traduz-se no trabalho que pratica, num contexto que é sempre político, social e cultural. A produção artística apoia-se sempre na consubstanciação, ou no distanciamento crítico relativamente ao todo de suporte, e que é um alicerce multiforme do artista: a sua mundanidade[16]. As correntes de pensamento estruturalistas defendem, precisamente, que um sujeito (ou elemento), só consegue explicar-se analiticamente na sua relação com o todo (sistema ou estrutura) do qual faz parte integrante...[17].

Por outro lado, a obra de arte também age na sociedade de forma construtiva. A obra de arte não se basta a receber as influências dos tecidos e das estruturas geratrizes, mas ela mesma gera e constrói, ajudando a realizar e, por vezes, a cicatrizar problemas que são parte

---

[15] Antoni Tàpies, *A prática da arte*, trad. Artur Guerra, Lisboa, Gradiva, 2002, p. 30.

[16] É inevitável referir novamente Antoni Tàpies (— *A prática da arte*, ..., p. 29), quando registou que: «Se conseguimos formar um novo conceito de realidade não é por um capricho pessoal, mas sim por factos concretos que acontecem à nossa volta.».

[17] Refiramos Franco Crespi (— *Manual de Sociologia da Cultura*, Lisboa, Editorial Estampa, 1997, pp. 33 e 34), quando nos diz que: «Em sociologia, o termo *estrutura* remete, efectivamente, para *cristalizações* de particulares modos de ser e de agir que, em estreita relação com as características materiais do ambiente específico e os recursos neste disponíveis, se consolidam de forma a perdurarem no tempo, condicionando a consequente actuação social. Logo, também as estruturas são, em grande parte, produto da cultura e configuram o sistema social através de mediações simbólico-normativas, que definem as posições e os papéis no seu interior e fixam, no seu conjunto, as instituições vigentes. [...] O carácter de objectivação próprio das estruturas não deve fazer esquecer que estas só subsistem graças à constante reprodução de formas de agir ligadas a determinados modelos e que, assim, possuem um carácter processual. A relação entre formas de conhecimento e estruturas sociais pode, então, ser também compreendida como inter-relações entre processos diversos de produção da realidade social».

dos problemas da sociedade[18]. A obra de arte gera, proactivamente, também porque ela é *realidade*, na sua autonomia de coisa que aparece para dizer-se e para explicar(-se), e para clarear, e para esclarecer, e para denunciar, e para apaziguar, e para embelezar, e para criar experiências, e para potenciar expectativas, e para catalisar, e para mediar, e para aculturar, e para socializar, e para gerar tantos efeitos como nenhuma outra actividade humana (também fundada na criatividade artística e na fantasia, na subjectividade, ou só no mundo e nas civilizações) pode conseguir.

As obras de arte são efectivamente factos sociais, também porque são os produtos de um artista (*indivíduo actuante*) que, inevitavelmente, se compromete com a (sua) sociedade, e porque as obras de arte são feitas para a(s) sociedade(s)[19]. Por outro lado, uma obra de arte não possui a sua existência real se for desapegada de um público, ou de uma leitura, ou de uma observação, ou de uma interpretação que possa gerar os diálogos que ela própria, através dos mecanismos que lhe são particulares, se propõe realizar. A obra de arte só atinge esse mesmo estatuto (de *verdade artística*) se for concebida para alguém, ou para alguma coisa (atendendo a critérios funcionais). É que num mundo sem leitores, escusamos de nos prestar à escrita, da mesma forma que num mundo sem luz não podemos expressar-nos através das cores[20]. Estes pressupostos induzem-nos a corroborar a existência de uma *estética da recepção*[21].

Os impactos que uma obra de arte cria nos receptores é uma fonte de análise que também consegue determinar o valor sociológico (entre outros) que essa obra possui, ou

---

[18] Nas palavras do pintor Antoni Tàpies (— *A prática da arte*, ..., pp. 32 e 33): «Defendo a nossa liberdade, mas defendo-a sabendo que somos livres face aos outros e que só se consegue valor numa obra se nela confluírem, por um lado, tudo o que represente uma conquista da realidade para a sociedade que a recebe e, por outro, que essa conquista esteja encarnada numa forma que reúna as condições necessárias para ser actuante no seio daquela sociedade.».

[19] No dizer de Pierre Francastel (— *Pintura e Sociedade*, São Paulo, Martins Fontes, 1990, p. 2), as «obras de arte não são puros símbolos, mas verdadeiros objectos necessários à vida dos grupos sociais.».

[20] Muito simplesmente: «O sentido de uma obra baseia-se sempre na possível colaboração do espectador.» (Antoni Tàpies, *A prática da arte*, ..., p. 40).

[21] E para além dela, é bastante fácil pensar-se que, se existisse no mundo um único homem, ele quereria realizar uma obra de arte para que um deus a alcançasse, com o seu génio, dialogando sempre, mantendo presente que a sua realização faria sentido, porque era expressão, e possuía algum alcance.

possuiu desde sempre, e ao longo da história[22], ou durante um tempo determinado. É evidente que uma obra de arte transforma o seu receptor, ou os *horizontes de expectativas* do público, quando este consegue incorporar a obra, tornando-a sua, passando a pensar a realidade de outra forma: da forma como a obra o fez pensar o mundo, recriado nela, ou através dela[23]. Para os teóricos da estética da recepção, esta experiência de transformação do receptor provoca efeitos no comportamento, porque alterou profundamente os horizontes do receptor. Abre-se também deste modo a configuração social da obra de arte, a sua inultrapassável função social que está para além da sua historicidade[24].

Sobre a *estética da recepção* temos de lembrar-nos dos textos de Hans Robert Jauss que, embora versem sobre história da literatura, podem aplicar-se, no sentido da sua intenção analítica, ao terreno das produções plásticas com a mesma garantia metodológica. Para Jauss, a obra de arte define-se mediante *critérios de comunicação* e, para que haja comunicação, a obra deve possuir mecanismos que possibilitem a sua compreensão, e deve estimular os mecanismos de pergunta e de resposta com o seu receptor, e a partir do seu horizonte de expectativa (*Erwartungshorizont*)[25].

Os horizontes dos espectadores e aquilo que eles, os receptores, *esperam* da obra, também de acordo com a sua mundividência global, e os *efeitos* que se manifestam nos diversos momentos de recepção de uma obra de arte importam sobremaneira para a construção da sociologia da arte. Porque uma obra de arte não é lida sempre da mesma forma, porque ela não produz sempre o mesmo impacto, porque ela não é igual a si mesma (apesar de sê-lo fisicamente, salvo o seu envelhecimento), mas varia, consoante o lugar e o tempo em que é fruída ou analisada (consoante o horizonte das expectativas do seu público) e, por isso,

---

[22] Porque uma obra de arte consegue, por vezes, alcançar muito êxito e, passados anos, ela pode cair no esquecimento dos homens e *vice-versa*.

[23] Neste contexto, pense-se como a literatura cria pensamento, como sugeriu Fernando Pessoa, ou como a arquitectura e o urbanismo criam modos de estar e de viver, como a música gera imagens, etc..

[24] Cf. Maria Teresa Cruz, «Prefácio» a Hans Robert Jauss, *A Literatura como Provocação*, Lisboa, Veja, 1993.

[25] Cf. Maria Teresa Cruz, «Prefácio» ..., p. 11; Paulo Filipe Monteiro, *Os Outros da Arte*, Lisboa, Celta Editora, 1996, pp. 136 e ss..

consoante os seus receptores. A história e a estética *dos efeitos produzidos por uma obra de arte* têm de reconhecer-se como espaços de emergência analítica.

São as múltiplas relações da arte com a sociedade global que importam analisar e reverter, neste campo alargado da sociologia da(s) arte(s). Neste contexto, as obras de arte não podem dissociar-se do prolixo envolvimento (individual e social) do artista com o seu meio (e desde sempre), nem da sua particular *estruturação* socioeconómica que é uma das (tantas) bases fulcrais de criação, nem do seu comprometimento político e ideológico e, por último, a obra não pode ser arredada da encomenda, se a houve, porque certamente a ditou amplamente[26]. Em sociologia da arte, não pode menosprezar-se o estudo do artista enquanto indivíduo que vive, e que age no âmbito de determinadas relações sociais, ou como sujeito e *actuante* num determinado espaço e tempo, ou numa conjuntura específica. Importa, neste argumento, entender a figura do criador, enquanto agente enquadrado numa sociedade (e qual?), porque só assim pode chegar-se à sua arte de uma forma mais prenhe, ou entendível. Em sociologia da arte, interessa conhecer a realidade do artista, a sua relação com o (seu) mundo, a função da obra realizada, a realidade da obra e os seus impactos (no espaço e no tempo), porque a obra de arte é gerada, e ela é geratriz.

A arte plástica pode, assim, caracterizar-se como uma imagética ideológica (Nicos Hadjinicolaou), ou como uma plasticização que cumpre um papel ideológico, com poderes e com virtudes no território da sociologia, para além do seu poder de mágica sedução e de entretenimento dos sentidos (numa estética hedonista)[27].

---

[26] A ideia de artista, entendido como *agente de produção* despontou, para as artes plásticas, muito paulatinamente, a partir da Itália do Renascimento. No caso português, ainda durante o século XVII estava o artista submetido ao esquema medieval corporativo, libertando-se, nalguns sectores tais como o da pintura a óleo (de cavalete), ou por momentos singulares na pessoa de algum indivíduo mais estimado (ex. o escultor Nicolau Chanterene), em épocas pouco anteriores. Mas a ideia do artista completamente *liberalizado*, operando por sua conta e risco, e perfeitamente desintegrado da teia das relações sociais que podiam dar-lhe abrigo, é filha do Iluminismo. Não podemos, por isso, confundir um artista medieval ou moderno com um artista contemporâneo, porque são, justamente, sujeitos completamente diferentes e com horizontes singulares. Todavia, o facto de um artista medieval trabalhar a soldo, no interior de um estaleiro ou de uma oficina de artesanato, não lhe retirava o mérito que possuía, sempre relativo, mas nunca ofensivo, ou depreciativo, no seu contexto exacto, e para a história dos artistas nas sociedades ocidentais. Ele era um executor de trabalhos e detentor de grandes habilidades...

[27] São conhecidas algumas consequências radicais dalgumas obras de arte ao longo dos tempos, veja-se o caso paradigmático da obra de Goya.

Porque o artista é um elemento do tecido da sociedade, qual é a relação que ele mantém com a sociedade (e serviço à sociedade), na medida em que ele é um sujeito com uma personalidade criativa? Isto é, o que medeia, na criação artística, os estímulos externos, advindos da sociedade, e os internos, ligados aos particularismos (tão subjectivos como de difícil quantificação e qualificação) do autor enquanto ser individual e dotado de criatividade e de força expressiva? Até que ponto podemos reduzir os nossos métodos de leitura dos conjuntos artísticos, como meras impressões do real, ou explicar a criação artística mediante critérios presos com as motivações psicológicas (ou psicanalíticas), baseados na espontaneidade, na intuição, em instintos de defesa, ou em dons de proveniência imaterial, ou na inspiração?

Para a sociologia da arte, a criação artística não tem sido explicada com base nos comprometimentos psicológicos e individuais dos seus autores, ou mesmo da sociedade. Para o sociólogo da arte, a arte estrutura-se num contexto (mais) universal e *trans-individual* de compromisso activo com intenções específicas e, particularmente, com intenções discursivas, e com a comunicação. Neste encadeamento de leitura, a obra de arte também se colhe num envolvimento *superestrutural*. O homem, como sujeito, depende sempre de uma totalidade estruturante[28] e, neste caso, também o artista, porque é um homem, depende da mesma totalidade movente e complexa. E a obra de arte, porque é um produto de um *homem* comprometido com a sociedade e com a economia e com a ideologia globais, desenvolve-se dialecticamente nesta mundividência de macro-envolvimento, alterando-se a par com o mundo.

Mas, e ainda assim, a obra (artística) é, também, o fruto da *criatividade* do sujeito que a gerou. A obra de arte também consubstancia uma entidade heterogénea e mutável, dinâmica e afectada por variadíssimos complementos formativos (e informativos). E a arte gera-se mediante o uso de uma determinada técnica (variável, e variando o seu efeito), e ela feita de carne (os materiais) e de alma (os conteúdos) e tem ganas de expressar-se no mundo (mensagem). A obra é, neste caso, mais do que forma e conteúdo (ou uma forma com conteúdo), que pode ler-se sintática e semanticamente. Ela é este par linguístico e muito mais,

---

[28] Como escreveu Marx, a quem aludiremos mais à frente neste livro, não é a consciência que molda a vida, mas é a vida que molda a consciência...

por atingir vários níveis de leitura e por fazer-se na prática, encorporando-se, ou encarnando no mundo, tornando-se nele.

E a obra faz-se para *alguém* e por isso também varia, por tentar atingir (a intenção da obra de arte) determinados grupos de pessoas (com determinadas crenças, usos, costumes, partidos políticos), ou outras estruturas sociais. Também por isso a obra cresce, ou minga, porque ela atende ao receptor com o qual estabelece elos (mais fracos ou mais fortes), e o receptor pode não possuir quaisquer relações directas com a sua sociedade em sentido mais global, mas com outra, ou com sistemas mais ou menos particularizados dentro da sociedade geral, ou a uma escala diferente do todo que o envolve.

A sociologia da arte importa-se também com os aspectos da *cultura visual* (ou a *sociologia da percepção artística*) de determinada sociedade, porque os costumes de determinada sociedade, as suas preferências, as suas *modas visuais*, ou os gostos de época, condicionam grandemente as produções artísticas. É evidente que o gosto de uma sociedade determina, com diferentes níveis de preferência, tudo o que a sociedade acolhe a um nível visual[29].

A sociologia da arte também trabalha sobre os impactos, e sobre os mecanismos de repúdio, ou de aceitação de determinada obra artística no, ou nos meios sociais, procurando entender por que uma obra de arte não gerou embates durante o período de vida do seu produtor, mas criou-os séculos volvidos, ou por que uma obra de arte é considerada *verdadeira* em detrimento de outras, suas contemporâneas (ou não), ou por que há obras de arte perdurantes e outras tão efémeras no espaço da sua aceitação pelo público ao longo dos tempos… Estas e outras questões fazem parte deste mundo de inquietações a que a sociologia da arte tenta responder.

À sociologia da arte importa por que determinadas formas de arte (como formas culturais) têm um *poder* mais ou menos *socializador*. Neste sentido, pensemos por que determinadas formas de cultura artística unem pessoas em grupos motivados mais ou menos

---

[29] Em tempo de Barroco pleno não era admissível que fosse construído um retábulo à maneira medieval, por exemplo. O género de *cultura visual* condiciona a produção artística por ditar *modas* e, por vezes, determinados *programas iconográficos* que são preferenciais.

vastos (por vezes muito pequenos). É sabido, por exemplo, que o cinema, a música, e a literatura (para referir os exemplos mais fáceis) possuem, na nossa sociedade contemporânea, essa capacidade de agregar públicos, e que uma ida ao cinema, ou a um concerto, promove os contactos entre pessoas com as mesmas preferências, e/ou referências culturais. Também é um dado conhecido que pessoas que querem unir-se a outras adoptam determinados gostos, ou constroem um *horizonte cultural* determinado, almejando assim passar a pertencer ao grupo desejado[30].

À sociologia da arte importa, então, e por um lado, estudar a(s) influência(s) que a arte exerce na sociedade, ou as suas repercussões no todo social: o efeito que a obra produz, os interesses que ela desperta, como a obra é utilizada e interpretada pelo(s) público(s). Aqui reside a fundamental diferença entre a sociologia da arte e a história da arte *tout court*, porque a obra de arte não é apenas o fruto de uma conjuntura social, mas ela consubstancia um elemento activo que pulsa no interior da sociedade, ajudando a construí-la e a reforçar determinados contextos de sutura social. Assim, a sociologia da arte mantém-se dentro de uma esfera dialéctica e de reciprocidades, e de inter-relações, em pleno sentido biunívoco de compreensão, porque a arte influencia o mundo, bem como o seu funcionamento, porque altera os horizontes de expectativa dos indivíduos que com ela convivem, sendo ela própria, e também, dominada pelo mundo.

É que não é só a cultura visual de uma sociedade que ajuda a produzir determinada obra, mas a própria obra cria outras culturas visuais de fortuna, mais ou menos vigorantes e com maior ou menor impacto nas sociedades, gerando novos gostos, ideias, atitudes e movimentos culturais, e, possivelmente, novos grupos sociais[31]. As obras de arte podem gerar, nos

---

[30] Se quisermos ir mais longe, podemos referir que, na actualidade, os públicos que se unem em torno de determinada *conjuntura artística*, preferencialmente de cariz contemporâneo (tendencialmente erudita e de baixo reflexo comercial) são, maioritariamente, jovens (entre os 16 e os 45 anos), solteiros, separados (ou viúvos). A arte, ou o gosto por determinada forma de arte apresenta-se, para este público, com um *potencial sociabilizador*, e como um forte redutor da solidão. A este e outros propósitos, leia-se Paulo Filipe Monteiro, «Os usos das artes na era da diferenciação social: críticas e alternativas a Pierre Bourdieu», *in* Revista *Comunicação e Linguagem*, n.ºs 12 e 13, 1991.

[31] Exemplos do que pretendemos defender é a nascença, na actualidade, de grupos, ou de subgrupos sociais (urbanos) à sombra de uma cultura específica e que possui estreitas ligações com a prática, ou com o uso da arte, particularmente da música, da literatura, e das artes visuais remanescentes. Trata-se de um fenómeno que cresce e que se multiplica a uma escala gigantesca em número e em configurações, bem como em ritmo. O florescimento

indivíduos, modos de vida diferentes, veiculando-os, ou reorganizando-os socialmente. E os movimentos socioculturais gerados por determinadas obras de arte também catalisam indivíduos que se revêem, ou que se rebelam contra eles. Estes efeitos das obras de arte e dos movimentos artísticos na produção, ou na alteração de determinados grupos socioculturais não é estritamente contemporânea, já que assistimos a este fenómeno um pouco por toda a história da arte e da cultura universais, e esta repercussão viva não pode olvidar-se do âmbito de pesquisa desta área do saber.

O modo como as conjunturas determinam certos movimentos artísticos é outro âmbito do estudo da sociologia da arte, mas sem poder resvalar para outra área, reconhecida como a história social da arte. Neste contexto, concluiu-se já que os *fenómenos sociais* (de tempo variável) *influem a criação artística a nível estrutural*, como um amplo manto sobre a criação, ao invés de fazer-se sentir na obra individualmente. Ou seja, e como escreveu Bourdieu, as forças sociais não actuam sobre a arte directamente, mas através da *estrutura do campo artístico*, o qual exerce um esforço de reestruturação ou de refracção devido às suas forças e formas específicas[32].

Por outro lado, à sociologia da arte não importam determinados critérios que possam, de uma forma mais ou menos tradicional, validar o trabalho artístico, tais como a qualidade da obra de arte, ou a qualidade da Arte em si. Os fundamentos da sociologia da arte distanciam-se, ou devem distanciar-se, dos juízos de valor sobre as obras de arte[33]. Mas, não obstante, a história dos juízos de valor é uma fonte importantíssima para a sociologia da arte, e os juízos de valor podem estudar-se sociologicamente. Porque o juízo de valor de uma obra, ou de um movimento artístico, é sempre uma forma de reacção, isto é, ele é emitido por quem recebeu a

---

das subculturas (juvenis) urbanas é um dado adquirido, permitindo estudos de fundo sobre estes movimentos que possuem uma óbvia ligação com hábitos culturais enraizados nas práticas, e nas recepções musicais que geram estilos de vida e enformam, assim como suturam identidades. Desde o movimento *punk* ao *neotribalismo*, passando pelas culturas *rave* e *club*, estes subgrupos culturais desenvolvem mecanismos de diálogo únicos e comuns, e densamente identitários.

[32] Cf. Vicenç Furió, *Sociología del Arte*, Madrid, Ediciones Cátedra, 2000, p. 24.

[33] Esta matéria ganhou forma com os estudos de Max Weber sobre a racionalização das artes (cf. Max Weber, «O sentido da 'neutralidade axiológica' nas ciências sociológicas e económicas», *Sobre a Teoria das Ciências Sociais*, Lisboa, Edições Presença, 1977).

obra, e por isso gera reflexões sobre o impacto social que essa obra teve, ou deixou de ter. Também deve estudar-se sociologicamente a ordem dos juízos de valor emitidos sobre a arte porque eles variam, de acordo com o sistema de valores dominante em determinado período da história, permitindo-nos achar um caminho e retirar daí conclusões importantes para a compreensão do binómio arte-sociedade.

Toda a obra que possua interesse histórico e cultural e que possibilite uma interpretação (também historicamente comprometida), uma apreciação, ou que permita realizar uma fruição estética, e que compreenda uma relação produtiva em determinados contextos económicos e sociais deve ser tida em linha de conta neste processo de estudo orientado que é a sociologia das artes. Ouçamos as palavras de Vitor Serrão quando escreve que: «O objecto a que se convencionou chamar obra de arte — a produção artística, seja peça móvel ou imóvel, valor corpóreo ou incorpóreo, em qualquer circunstância do tempo histórico e do espaço geográfico em que se situe — constitui-se sempre como um documento histórico, como produção de circunstâncias que estão ideologicamente comprometidas, e como testemunho estético de fascínios mais ou menos perenes e trans-temporais.»[34].

O conceito de *comprometimento* macroestrutural deve entender-se nas duas vertentes da produção e da análise das peças imagéticas: tanto a obra de arte, enquanto arma de combate e/ou de alinhamento no território das produções culturais; como o seu entendimento total e sem critérios discriminatórios de análise, devem entender-se como tópicos de leitura consertada num ambiente de inquérito sociológico.

1.1.2.1. A sociologia da arte — entre a estética sociológica e a história social da arte

Embora não estejam definidos, de forma estanque, os objectos de trabalho da estética sociológica, bem como da história social das artes, porquanto consolidam áreas de conhecimento que possuem parentescos estreitos, entrecruzados, e interdependentes (também porque tentam entender a arte nos seus meios sociais), pode dizer-se que, de uma forma geral,

---

[34] Vitor Serrão, «A História da Arte em Portugal: uma disciplina em perspectiva», *Actas dos 3.ᵒˢ Cursos Internacionais de Verão de Cascais*, Cascais, Câmara Municipal de Cascais, 1996, p. 273.

a estética sociológica visa, através de discussões girando em torno dos factores sociais que constroem a obra de arte, atingir a natureza e as funções da obra de arte mediante um raciocínio pautado pela noção de Belo, ou reflectindo com base no conceito de beleza. A estética sociológica funciona quando a investigação que empreendemos pretende emergir do reconhecimento do Belo, e da Beleza, achegando-se ao mundo dos sentidos e do prazer artístico (e da experiência estética, etc.), numa prática de estudo que concorre com o reconhecimento das condições histórico-sociais de cada momento.

Por outro lado, podemos considerar que a história social da arte é uma história da arte que assenta, como tónica principal de pesquisa, nas condições sociais que originaram determinado efeito artístico. Na realidade, toda a história da arte é uma história social da arte, porque toda a história da arte atende, ou deveria atender, às condições materiais de realização das obras, à sua fortuna, ao desenvolvimento dos géneros e à sua miscigenação nos tecidos conjunturais.

A sociologia da arte utiliza a estética sociológica e a história social da arte como disciplinas verdadeiramente irmanadas, embora possua objectivos. A sua especificidade, conforme pensou Ficenç Furió, fundamenta-se no facto de pretender estudar a realidade artística do ponto de vista *sociológico*. O objectivo central da sociologia geral é o estudo da dimensão social dos factos humanos, e, de entre as suas principais características destaca-se o interesse pelas inter-relações dos diferentes níveis de realidade social (a economia, a política, a cultura, etc.) com o fim de tentar compreender esta realidade de um modo integral. Assim, se para a sociologia geral, a inter-relação das estruturas consubstancia um problema central, a sociologia da arte tenta compreender globalmente os fenómenos artísticos, partindo das suas conexões com os outros aspectos da realidade social[35].

Neste sentido, a sociologia da arte não se centra nem no estudo do impacto da Beleza artística nas civilizações, nem na origem social do gosto, nem na experiência estética social, nem na análise iconográfica e iconológica da obra, nem na evolução diacrónica dos períodos artísticos, nem na observação dos factores económicos, políticos, sociais e culturais do

---

[35] Cf. Vicenç Furió, *Sociología del Arte*, Madrid, Ediciones Cátedra, 2000.

26

momento histórico em causa mas, a partir dos conhecimentos de todos estes, e de outros aspectos (das obras e do meio em que se produzem), pretende destacar a *dimensão social do facto artístico*. Trata-se de estudar as influências, nas artes, das estruturas sociais do momento, os condicionamentos e condicionalismos, e de propor realizar interpretações que fundamentem e que expliquem a interdependência da arte e da sociedade[36], precisamente porque os artistas não vivem paralelamente à realidade social, mas estão submersos nela, contactando directamente com as estruturas sociopolíticas, culturais e mentais da sua época. Por fim, trata-se de uma abordagem sociológica que se impõe como prática de investigação, e que entende a arte como uma produção que gera efeitos...

1.1.2.2. As limitações teórico-práticas da (clássica) análise social da arte

Embora nos possa parecer tratar-se de um método de trabalho sem mácula, a sociologia da arte possui algumas *limitações*, reconhecidas desde os trabalhos de Arnold Hauser[37], entre outros autores que debateram este problema. A inspecção das limitações teóricas de uma área de conhecimento habilita-nos a tornar a nossa investigação mais eficaz, na medida em que nos tornamos mais apetrechados para ultrapassar as falhas de sistema detectadas, alterando os caminhos de pesquisa e os moldes das indagações que fazemos, ou o cerne dos problemas que pretendemos resolver, sempre que for conveniente realizar essa correcção.

A sociologia da arte, bem como a história social da arte, não pode estreitar-se, ou gerar intolerâncias teóricas, descriminando conjuntos de relações dialécticas que a arte mantém com as sociedades, e com os indivíduos que as compõem. Por outro lado, a análise social arte não pode perder de vista o que é a obra de arte de *per se*, ou seja, na sua validade e autonomia, bem como na sua corporalidade simbólica. Importa não esquecer que as obras de arte são construções humanas e que não há homens iguais. Quer isto dizer que a sociologia da arte deve reconhecer, o que numa expressiva maioria dos casos não faz, que os sujeitos não reagem todos

---

[36] Por exemplo, sabe-se das íntimas relações entre o humanismo e o renascimento artístico do século XV italiano, ou entre o pensamento escolástico e a arquitectura gótica...

[37] Arnold Hauser, *A Arte e a Sociedade*, Editorial Presença, Lisboa, 1984.

da mesma forma às conjunturas sociais[38]. Nesta medida, não podemos explicar todas as obras de arte produzidas no mesmo espaço e tempo como o resultado de uma determinada circunstância histórica. A sociologia da arte tem de reconhecer este perigo e deve evitar as generalizações fáceis e deterministas que encerram graves problemas teóricos.

Arnold Hauser, reconhecido historiador social da arte[39], verificou existirem alguns limites no âmbito da *análise social da arte*, limites esses que nos importa revelar, intentando-se, com este assunto, chamar a atenção para os perigos que este método pode correr, desmoronando-se enquanto corpo teórico. Neste sentido, o autor garante que o sistema de análise em aferição periga pelos índices de *parcialidade* na forma como são tratados alguns assuntos. Por outro lado, a análise social da arte não costuma ter em linha de conta os interesses individuais, mas apenas os interesses de classe (ou de grupos sociais).

A análise social da arte não pode olvidar o tratamento individual, ou pessoal do criador artístico. Aquele que produz a obra de arte deve estudar-se enquanto sujeito transpessoal, mas deve, também, reconhecer-se como indivíduo que possui imaginação (ou criatividade) e personalidade, e que encarna uma visão do mundo que acaba por ser pessoal e, de certa forma, nem sempre objectiva. Na realidade, a experiência criativa, ou a experiência artística da criação de formas apodera-se dos elementos constitutivos da *paisagem humana* habitada pelo artista, mas que sugere, numa substancial parte dos casos, uma apropriação nova, singular e inédita, propondo a reconstrução do sistema constitutivo[40].

Em termos artísticos, nem tudo pode ser definível em termos sociológicos. O investigador deve estar consciente de que as mesmas condições (e constituições) sociais podem

---

[38] Ou, conforme às palavras de Jean Duvignaud (— *Sociologia del Arte*, trad. e edição Ediciones 62, Barcelona, 1988, p. 31), com tradução nossa, não deixa de ser problemático que um indivíduo seja o testemunho de toda uma época, ou que um grande artista seja o cristalizador dos problemas difusos do seu tempo e encarne uma civilização. Esta ideia romântica não conta com a realidade dos factos e despreza a experiência concreta que não é sempre localizável num só indivíduo, qualquer que seja a sua posição na hierarquia social.

[39] Antes de elencar o conjunto das limitações teóricas que podem afectar o desenvolvimento da sociologia da arte enquanto método, devemos relembrar que a sociologia da arte não é o mesmo que história social da arte, área a que foi imputado este grupo de limites que impedem o progresso dos trabalhos.

[40] Cf. Jean Duvignaud, *Sociologia del Arte...*, pp. 33 e 34.

dar origem a obras de valor artístico (ou a obras autênticas), e outras sem valor artístico, já que as mesmas causas sociais não produzem os mesmos *efeitos estéticos e artísticos*, como temos vindo a revelar. Nesta medida, não podem realizar-se generalizações, ou leis gerais que determinem a qualidade das obras mediante as condições sociológicas que as suportam.

Outro limite imputado ao estudo social da arte traduz-se na possibilidade desta área de conhecimento poder, eventualmente, fazer coincidir o valor artístico com o de justiça social, fenómenos que, na realidade, não devem imiscuir-se de forma pouco cuidada, em termos de análise que busca obter conclusões sobre o assunto. Por outro lado, não pode explicar-se o sucesso ou o fracasso estético de uma obra partindo das condições sociais sob as quais foi concebida, como pensaram alguns autores que cometeram erros que têm de evitar-se.

A sociologia da arte, bem como a história social da arte não conseguem estabelecer uma relação evidente entre a qualidade artística e a popularidade das obras, embora tenham sido feitas várias tentativas de explicação sem viabilidade conclusiva e generalizante.

Ainda neste contexto, devemos estar conscientes de que a análise social da arte não pode sustentar-se em bases pouco sólidas, ou antiquadas e fixistas, e de matriz vincadamente materialista, ou sob o escudo de uma conceptualidade que hoje é assumidamente rarefeita, e que engloba as categorias de cortês, burguês, capitalista, conservador, liberal, entre outras, igualmente demasiado estreitas (rotulares) que não fazem justiça ao carácter especial de uma obra de arte.

Na realidade, a arte não é, de todo, apenas um reflexo da sociedade, e por vários motivos: a) porque as mesmas causas sociais não provocam os mesmos efeitos estéticos; b) porque os efeitos estéticos não são o reflexo estrito de uma determinada situação da sociedade; c) porque os homens não são todos iguais na mesma conjuntura e no mesmo tempo (reagindo de formas diferentes a determinados acontecimentos); d) porque a história molda os mecanismos de desenvolvimento de cada sociedade; e) porque não são todos os acontecimentos das sociedades que determinam as manifestações artísticas singulares; f) porque a arte é uma interpretação viva e pulsante da realidade, e porque possui uma autonomia que não lhe permite encarnar o reflexo estrito da própria sociedade; g) porque, apesar de tudo, por vezes surgem estilos artísticos muito diferentes em sociedades com características comuns; h) porque cada indivíduo criador, de *per se*, não pode consubstanciar o espelho da sua situação civilizacional, etc.

Esquematicamente, podemos dizer que se a arte é pensamento, por outro lado a sociedade não é uma entidade estanque e imutável, mas faz-se de um conjunto dinâmico de indivíduos e de grupos de indivíduos também eles perfeitamente mutáveis e enérgicos, e todos eles pensantes. Acresce ainda recordar que os contextos sociais também não se enformam como totalidades homogéneas e inequívocas. A arte não pode ser o reflexo da sociedade porque ela é um fenómeno que se inter-relaciona com cada uma das sociedades no tempo, ou com cada grupo no interior das sociedades, e durante o seu tempo concreto, para além de ser um corpo vivo e autónomo que palpita no interior das sociedades.

A arte é, como já se revelou, um fenómeno com vida particular, embora inserida na sociedade e convivendo com ela trans-relacionalmente. Ainda assim, a arte é uma entidade incerta e com particularidades (a vários níveis) e que possui graus de subjectividade na forma como escreve e como envia as suas mensagens. E a arte não reflecte inertemente a(s) sociedade(s), porque ela também a(s) transforma e revisita, renovando-a(s) com o seu poder de sedução, de educação, de discussão, de alerta, de rebelião, de força catalisadora, centrípeta ou centrífuga, de aculturação, de inovação e de inquietudes… mas sempre sujeita, também, a mecanismos que estão no interior do ser humano. *A arte pode reforçar situações sociais*, pode desencadeá-las, declará-las, pode escarnecê-las, pode criticá-las, pode até propagandeá-las, e aceitá-las, e também pode reorganizar o caos do mundo e da realidade, relendo-a e submetendo-a a códigos específicos de condução e de reconstrução[41]. O artista não reflecte a sociedade na sua obra, porque a sua obra é uma *intervenção* na sociedade.

---

[41] Como tão sublimemente escreveu Antoni Tàpies (— *A prática da arte* …, pp. 105 e 106): «Oh, escuridão dos sonhos! Seremos todos monstros? Será que não há nenhum artista digno deste nome, nem um sequer, que nunca se tenha identificado seriamente com os problemas, com as lutas, com os ideais, as esperanças e os sentimentos da sociedade do seu tempo, ou a quem falte a intenção de intervir nesta sociedade, juntamente com todas as forças progressistas, para conseguir a sua transformação e melhoramento? Não era a arte um dos poucos redutos que restavam ao homem para chamar as coisas pelo seu nome? […] Felizmente, o artista dirige o olhar para outro mundo, para outra sociedade e para outras formas mais limpas, não contaminadas nem doutrinadas, com vontade de intervir.»

Os estudos da dimensão social da arte (e da sua situação na correcta perspectiva humana, quotidiana e existencial) e da sociologia da criação artística (e a sociologia dos artistas) consubstanciam, então, objectivos, ou práticas de trabalho da sociologia da arte, que podem trabalhar-se de modos muito diferentes, e sempre de acordo com os parâmetros particulares da pesquisa que está em causa. Não se conhecem leis gerais que possam servir para todas as situações que pretendem estudar-se neste contexto de análise. É o trabalho de cada problema particular, através da sociologia da arte, que determina, como o ponto culminante dessa análise, as leis que orientaram esse mesmo assunto específico. Para nos podermos abeirar, tanto quanto nos for possível, das conclusões que importam revelar-se (embora sempre parciais), devemos consciencializar-nos de que temos de encontrar os caminhos específicos que a cada tema em pesquisa se impõem. Quer-se assim dizer que cada situação (artística) é uma situação particular, exigindo, por isso, mecanismos próprios, ou (igualmente) particulares, de análise.

E cada *situação artística* pode derivar de *certas* conjunturas sociais, mas não de todas as estruturas sociais em simultâneo e sempre do mesmo modo, como fizeram crer alguns investigadores que se ensaiaram neste sistema teórico. Por outro lado, uma obra de arte pode mudar, ou agilizar uma sociedade, mas através de mecanismos nem sempre claros, e nem sempre (ou mesmo nunca) iguais, mas sempre problemáticos. É estudando cada caso concreto que consegue determinar-se de que forma houve, ou não houve, uma relação estreita entre o campo artístico (na pessoa do produtor da obra de arte, do seu protector eventual, dos modos de difusão da obra e dos modos como foi recebida e entendida pelo público) e a sociedade (na sua justa definição).

1.1.2.3. Algumas inquietações teóricas

Compete a um historiador da arte, ou a um (outro qualquer) estudioso que aborde a obra de arte em moldes sociológicos, que, quando confrontado com as situações (ou factos, ou objectos, ou movimentos) artísticas, se coloque algumas questões às quais deve pretender responder, mesmo que de forma indirecta, usando para isso de todas as fontes disponíveis, e de um conjunto de métodos de trabalho consertados, de modo a atingir o seu objectivo.

Neste sentido ouçamos o que o elenco das questões que se segue tem para nos dizer sobre a *forma* como devemos orientar o nosso pensamento nesta área do saber específica, na medida em que essa *direcção de pensamento* se confessa como um produto das inquietações teóricas que nos importam estabelecer como metas. Ou seja, esta relação abaixo escrita traduz um conjunto de disposições que pode funcionar como um *alinhamento teórico* no confronto com a obra de arte lida sociologicamente.

1. É a obra de arte um fruto exclusivo do sujeito criador, ou estará comprometida com a sociedade à qual esse sujeito pertence?

2. É a obra de arte uma produção de classe (ou de grupo, ou subgrupo sociopolítico e cultural)?

3. É a *arte pela arte* uma produção ideológica?

4. É a criação artística dependente da vontade do seu criador, ou dependente de uma encomenda, ou de uma clientela, ou dos grupos sociais que a acolhem, ou do mercado que a dita?

5. A arte altera-se mediante a alteração das sociedades, ou é a arte que altera as sociedades?

6. Numa determinada época, como podem coexistir tantos e tão diversos *estilos*[42] artísticos?

7. Que relações mantém a arte com as restantes relações de produção?

8. Qual é o estatuto sócio-laboral do(s) artista(s) em determinada época?

9. Como vivem os artistas, com quem convivem (ao logo do tempo), e porquê?

10. Ao longo da história, como se destacaram e diferenciaram os artistas das restantes profissões?

11. Ao longo da história, como evoluiu o estatuto sociocultural e económico do artista?

12. É o artista um génio criador inflamado de paixões, ou é um sujeito como os restantes membros da sociedade, para além dos seus dotes especiais reconhecidos como talento?

13. O artista é um ser meta-histórico?

14. Qual é a verdade (e autenticidade) da, ou na obra de arte, e como se determina?

15. Dever-se-á distinguir, qualitativamente, a arte erudita e a arte popular?

---

[42] O conceito "estilo" utiliza-se por questões metodológicas, embora tenha perdido a sua significação e aplicação tradicionais.

16. E o que distinguirá estes dois *mundos da arte* acima descriminados?

17. O que é uma *arte de massas*, e como se determina a sua existência?

18. É a obra de arte uma produção feita exclusivamente para entreter e/ou provocar fascínios?

19. A obra de arte deverá possuir sempre uma mensagem?

20. E até que ponto pode ligar-se essa mensagem artística ao tecido estrutural de acolhimento?

21. Existirá *arte anónima*?

22. Existirá *arte colectiva*?

23. É a arte uma entidade objectiva, subjectiva ou ambas? E quais são os espécimes que se conformam com cada uma destas determinações?

24. Existirá e fará sentido usar-se o conceito de *arte pela arte*?

25. E o que caracteriza, a haver uma *arte pela arte*, essa existência?

26. Qual é o caminho da arte na era da pós-reprodutibilidade técnica?...

27. Quais são os caminhos da arte digital, ou electrónica?

28. Como é o real funcionamento da obra de arte em determinadas conjunturas mentais?

29. Como é o real funcionamento da estrutura artística em tempos de crise ou de abundância e em determinadas sociedades e tempos?

30. Qual é a capacidade discursiva de determinada obra?

31. E o que é que, na obra, determina a sua capacidade discursiva?

32. O artista é um sujeito activo ou passivo (relativamente ao todo, ou a partes da sociedade que lhe é, ou não, coeva) no momento em que criou uma determinada obra de arte?

Estas, e tantas outras inquietações que se subentendem, ilustram, embora sempre de forma muito parcial dado o seu carácter generalizante, o que importa aferir no nosso contexto de análise. Na arte têm de procurar-se os terrenos das suas infindáveis ligações, e dos seus suportes inter-relacionais, e quando o historiador, ou o sociólogo, procuram ligar a realização artística ao seu território conveniente que é a realidade, estão a comparar, devidamente, a arte com o contexto total da vida.

1.1.2.4. Os papéis de Arnold Hauser e de Nicos Hadjinicolaou no estudo da arte como uma entidade social

No âmbito da *análise social da arte*, bem como no da análise da arte mediante um processo sociológico teorizaram vários intelectuais desde os finais do século XIX até aos nossos dias e, para além de sociólogos, encontramos também historiadores da arte, estetas e críticos de arte a verificarem como os fenómenos artísticos são determinados pela *macro conjuntura* de suporte, e como a arte influencia o desenvolvimento das sociedades.

Marxistas ou neomarxistas, materialistas ou utópicos, determinando postulados mais ou menos românticos e/ou idealistas, como os estetas neohegelianos, ente outros, apesar da diversidade de correntes epistemológicas e culturais, o ambiente teórico que envolve todos estes autores rege-se por uma matriz de pensamento relativamente unificada, e que defende, *grosso modo*, que: a) as obras de arte e a criação artística gravitam sempre em torno da mundividência socioeconómica de determinada sociedade, e do encadeamento conjuntural epocal; b) a história social da arte é também a história das ideologias; c) a sociologia da arte progride entrando na história cultural, espiritual, económica, e ideológica das sociedades; d) a obra de arte analisada sociologicamente amplia-se enquanto fonte de conhecimento sobre o Homem e sobre a relação entre os Homens.

Se as ideias das *classes dominantes* são, justamente, as ideias que dominam (n)uma determinada época, ou, de outra forma, se a *classe que exerce o poder material dominante* numa determinada sociedade é, ao mesmo tempo, aquela que domina o poder espiritual[43], então as produções artísticas, entendidas agora como *estruturas artísticas*, também comungam dessa *ideologia reinante*, ou seja, dessa mesma *visão do mundo*, ou dessa construção mental que tenta justificar uma determinada ordem social[44]. A tarefa da análise e da crítica da arte sob uma perspectiva sociológica é também essa tentativa de dar a conhecer o tipo de relações

---

[43] Jean Luc Chalumeau, *As Teorias da Arte, filosofia, crítica e história da arte de Platão aos nossos dias*, Lisboa, Instituto Piaget, 1997, p. 107.

[44] Cf. F. Checa Cremades, *et al*, *Guia para el Estudio de la Historia del Arte*, Madrid, Cuadernos de Arte Cátedra, 1980.

inerentes à produção artística, género que, por seu turno, também vai explicar o fenómeno artístico que lhe subjaz.

Na tentativa de compreender-se o que é a Sociologia da Arte recorram-se às observações gerais sobre o assunto descritas pelo grego Nicos Hadjinicolaou. Para este investigador, a «sociologia da arte constituiu-se, no início do século [XX], independentemente da história da arte, nem sequer como um dos seus "ramos", mas como uma disciplina independente, que tem certas relações com a sociologia geral, mas sem relação com a disciplina da história da arte.». Mais acrescenta o autor que: «A sociologia, desde os seus primórdios mas sobretudo hoje, é uma espécie de "resposta-reacção", de "concessão" da burguesia perante a ascensão do movimento operário e das ideias marxistas. Isso não implica que a sociologia não possa, ao contrário das intenções dos seus fundadores e dos seus mecenas, ser desviada do seu objectivo principal. Mas esse "desvio" supõe, em primeiro lugar, todo um trabalho crítico que permita determinar os objectivos legítimos dos "ramos" da sociologia, os quais se tornariam depois disciplinas parciais do materialismo histórico. Mas isso nem sequer ainda começou.»[45]. O mesmo autor acrescenta[46] ser curioso o facto de não existir «qualquer estudo sério que defina a sociologia da arte e o seu lugar como disciplina científica [...] no seio das ciências sociais.»[47].

Para conseguirmos entender o possível significado da análise da obra de arte, em ambiente sociológico, não nos podemos abstrair de pensar neste profícuo fenómeno que é a arte filtrada, evidentemente, através das lentes interpretativas de um pensador empenhado nesta *tendência* metodológica. Tratamos de Arnold Hauser, um dos mais certificados investigadores em história social da arte[48], quando escreveu que, de entre «todas as formas de consciência, a arte é a única que se opõe desde logo e frontalmente a cada abstracção e que

---

[45] Nicos Hadjinicolaou, *História da Arte e os Movimentos Sociais*, Lisboa Edições 70, 1989, p. 61

[46] A obra que tem vindo a referir-se foi publicada, pela primeira vez em 1973, pela Librairie François Maspero, com o título original *Histoire de l'art et lutte dês classes*. A primeira edição portuguesa data de 1978.

[47] Nicos Hadjinicolaou, *História da Arte ...*, p. 61. Encontramos em Vincenç Furió esta tentativa legítima, porque, com grande correcção, o autor sistematiza e dá afortunado corpo a esta área do saber, incluindo na sua obra (— *Sociologia del Arte...*), todos os módulos teóricos, e de pergunta e resposta, que consubstanciam aquilo que consideramos o conteúdo concreto desta disciplina do conhecimento.

[48] Embora a história social da arte não seja o mesmo que a sociologia da arte, estas duas abordagens interligam-se de forma tão prenhe que não as podemos desprezar no âmbito das exposições que agora sistematizamos.

está empenhada em se libertar de tudo o que seja apenas pensado, sistemático e generalizante, tudo o que seja puramente ideal e inteligível e em se tornar no objecto das visões espontâneas, impressões sensuais puras e de experiências concretas.»[49]. Quer o autor defender a objectividade da arte como forma de consciência activa, ou a integridade da arte enquanto instrumento explicativo e sem rodeios.

Mais se apensa que arte é uma forma de consciência comprometida e que luta para libertar-se do seu conceptualismo, para depois enveredar pelo caminho das experiências concretas do homem. Assim, o «verdadeiro fenómeno estético é a experiência de totalidade que o homem total retira da totalidade da vida, o processo dinâmico, no qual o sujeito criador ou receptor está em uníssono com o mundo real, com a vida efectivamente vivida e não a obra de arte objectiva, dissociada do sujeito [...].». Deste modo, o objecto artístico e o fenómeno estético consubstanciam, com o sujeito, ou com o homem uma relação recíproca e dialéctica. A este propósito juntem-se as palavras mestras de Henri Lefebvre, quando comentou o Manuscrito económico-político de Marx, no decurso dos anos 30 do século XX, dizendo que o olho torna-se humano quando o seu objecto se converte em objecto social e humano, proveniente do homem e destinado ao homem. Nesta ocasião, os sentidos transformam-se, impregnados de vida social e de razão, adquirindo poderes sobre o objecto[50].

Hauser garante ainda que se a obra de arte consistir num produto artístico auto-suficiente, ou uma produção fechada dentro de si, representará uma interrupção no processo estético vivo. Isto acontece, segundo o mesmo autor, quando se arranca o contexto artístico da «base objectiva das experiências, e quando a obra de arte é libertada da função que tem na vida das pessoas». A auto-suficiência, ou o isolamento da obra de arte transforma-a «num brinquedo inútil, mas ainda muito atraente, que ao querer influenciar terá de perder todo o seu significado humanístico.». Em suma, a «arte reflecte[51] fielmente a realidade, da maneira mais perfeita, viva e penetrante, porque não se afasta dos seus traços mais perceptíveis.»[52].

---

[49] Arnold Hauser, *A Arte e a Sociedade*, Lisboa, Editorial Presença, 1984, pp. 7 e 8.

[50] Henri Lefebvre, *Marx*, Genebra, Les Trois-collines, s/d, p. 42, *Apud*. Jean Duvignaud, *Sociologia del arte ...*, p. 36.

[51] Atente-se à expressão «a arte reflecte fielmente a realidade...». Somos já capazes, depois da leitura deste livro que agora se apresenta, de criticar esta afirmação, porque a arte ultrapassa esse reflexo, por tratar-se de uma

36

De entre as suas múltiplas funções, a obra de arte oferece, então, a possibilidade de consagrar um determinado conhecimento do mundo que se complementa com outras certezas e âmbitos de prospecção. Importante é reter-se que a arte tem, justamente, uma função «na vida das pessoas» e que ultrapassa a sua capacidade de proporcionar prazer estético. E se a obra de arte funcionar apenas com objectivos ligados à satisfação dos sentidos, então ela perde a sua *utilidade*, porque a utilidade da arte é maior do que a sua capacidade de gerar prazer, ou de entreter, sem outras motivações.

É precisamente porque o homem quis, desde sempre, compatibilizar-se com o mundo, tentando conhecê-lo e dominá-lo, que a arte possui uma (outra) bravura indesmentível, concorrendo com as ciências naturais. Quando a obra de arte abandona estes mistérios, ou quando ela lhe volta as costas, fechando-se sobre si como um sistema sem voz, quando ela arreda dos seus *propósitos* fundamentais, ou esta prenhe ligação com o homem, com o real e com as relações com o seu receptor, com quem deve pretender manter diálogos e fortes elos relacionados com a oferta de conhecimento, ela quebra-se e aliena-se, funcionando apenas como objecto de fruição. Para Hauser, a obra de arte não tem de ser necessariamente prazenteira, mas mensageira e comprometida com a realidade mundanal. Esta visão da arte como uma entidade comprometida com o mundo, num entendimento macro e microcósmico, é aquela que está de acordo com este método de investigação com bases sociológicas. Afirmações tais como a arte é uma prática empenhada com a realidade objectiva, ou com a *praxis quotidiana*, ou com a sensualidade da vida e com a criação da existência, são outras determinações cabais no interior desta disciplina do saber com tonos sociologizantes, porque se define a arte como uma fonte de estudo das condições reais da existência humana, porque se define o próprio estudo da arte como um acontecimento de compromisso ideológico...

De uma forma admirável, Hauser escreveu que a sociologia da arte deve basear-se num princípio fundamental: no facto de que «todo o nosso pensar, sentir e querer estar orientado para uma mesma realidade, de, fundamentalmente, nos confrontarmos sempre com os mesmos

---

entidade com vida própria que tem poderes de penetração influente na sociedade, de uma actividade (acção) e não de um espelho imóvel e acéfalo.

[52] Arnold Hauser, *A Arte e a Sociedade, ...*, p. 8.

factos, perguntas e dificuldades e de nos empenharmos, com todas as nossas forças e capacidades, na resolução dos problemas de uma existência una e indivisível.»[53]. É que tudo aquilo que fazemos está orientado no sentido de conhecer melhor o mundo à nossa volta, na tentativa de diminuir o caos, ou os mistérios e as ameaças que a realidade nos impõe. Na verdade, o sucesso da vida humana depende da correcção e da justeza do nosso julgamento das «condições de existência» e da avaliação dos problemas que ela nos coloca. E é também por este motivo que ambicionamos descobrir na arte, tal como nas ciências, e no quotidiano, a forma como o mundo está organizado, ou a sua forma de funcionamento, para assim o podermos acompanhar e, de certa maneira, incorporar para dominar. Entendendo que as obras de arte são sedimentos de experiencias, e que estão orientadas, como as demais expressões culturais, para fins práticos, podemos entender, do mesmo modo, que elas contribuem para este projecto de conhecimento do mundo para a sua dominação. É que a arte não se abandona do contexto da vida, e possui as suas raízes na praxis e no conhecimento, deixando-se julgar, ainda assim, como uma actividade autónoma, e que flui com as suas próprias leis, possuindo o seu próprio mundo de valores (que importam defender). Separando a arte da vida prática, ou da realidade dos homens, bem como da agnição, esquecemo-nos da nossa própria preocupação com a resolução dos problemas que surgem quotidianamente, ligados com as necessidades, e com o funcionamento da vida, ou com a luta pela existência.

Como nos é dado a verificar, a arte e a ciência possuem a mesma ligação com o real, para Hauser, já que nasceram ambas da mesma necessidade de interpretação e de oferta reelaborada da realidade, da necessidade de conhecer e de dominar o mundo, e de o verter. A arte e a ciência nasceram da necessidade de mudar o mundo, quando ele se apresenta ameaçador, feio, caótico e misterioso. Esta amplitude *mágico-religiosa* da arte e da ciência garantem a mesma afectação de domínio e de sobrevivência da humanidade.

E a arte liga-se com a possibilidade de *captação* da realidade, bem como, e ainda, com outras competências diferentes: com o conhecimento e com a realização, porque ela consubstancia uma actividade. Para Hauser, a arte é um meio eficaz de possuir o mundo *pela*

---

[53] Arnold Hauser, *A Arte e a Sociedade*, ..., p. 9.

força e pela astúcia, de dominar as pessoas através do amor ou do ódio que ela própria pode expressar[54].

2. Da Teoria da Arte entre os séculos XVIII e XX

2.1. Ou dos outros fundamentos para uma sociologia da arte

É também no contexto da Teoria da Arte, para além do contexto especulativo da sociologia geral, que entendemos procurar o *ambiente formeiro da sociologia da arte*. Sem esta *fundação teórica*, que consubstancia um alicerce de fortuna na medida em que abre o mundo das inquietudes teóricas para aspectos que a sociologia da arte veio depois a aprofundar, não entenderíamos a conjuntura teórica de desenvolvimento desta área do saber, e nem conheceríamos os horizontes dos seus propósitos. Para tal, ultrapassando as raízes da Estética e dos primeiros estudos sobre a arte enquanto conceito, estudos esses que remontam à Antiguidade Clássica, esquecendo o importante e fecundo território teórico da Idade Moderna, comecemos a nossa viagem já em pleno século XVIII, altura em que surgiu uma nova proposta teorética, feita por Winckelmann (1717-1768)[55] que, na esteira metodológica do *sistema vasariano*[56] de onde advém o esquema da progressão dos fenómenos artísticos de acordo com

---

[54] Escreveu o autor (— *A Arte e a Sociedade*, ..., pp. 15 e 16) que: «Tal como os homens do Paleolítico desenhavam animais para os caçar, matar ou capturar, os desenhos das crianças não são uma representação "sem interesse" da realidade; também eles perseguem uma espécie de objectivo mágico, exprimem amor ou ódio e servem como meio de dominar as pessoas representadas. Quer utilizemos a arte como meio de subsistência, arma de luta, como veículo de libertação de impulsos agressivos ou como sedativo para aclamar ânsias de destruição ou de mentira, quer queiramos corrigir, através dela, a imperfeição das coisas, ou manifestarmo-nos contra a sua forma pouco definida ou contra a sua falta de sentido e finalidade, ela é e continuará a ser realista e activa, e só excepcionalmente se tornará na expressão de um comportamento desinteressado ou neutro em face de questões da praxis.». Sobre o conceito realismo, deve abrir-se um parêntesis alertando para a polissemia da palavra. A propósito do *realismo na arte*, leia-se a obra do ensaísta polaco Stefan Morawski, *O realismo como categoria artística*, trad. Manuel Simões, S. P., Nova Realidade, 1968; Carlos Reis, *O discurso ideológico do neo-realismo português*, Coimbra, Livraria Almedina, 1983, pp. 368 e ss.. Numa citação feita por Carlos Reis (*op. cit.*, pp. 369 e 370) a R. Garaudy, *Hacia un realismo sin fronteras*, Buenos Aires, Ed. Lautaro, 1964, p. 168, lê-se que: «Ser realista, no es imitar la imagen de lo real, sino imitar su actividad; no es dar un calco o un doble de las cosas, de los acontecimientos o de los hombres, sino participar en el acto creador de un mundo en vías de formación, encontrando el ritmo interior».

[55] Historiador e arqueólogo alemão, Johann Joachim Winckelmann foi considerado, por muitos investigadores, como o pai da história da arte, por ter trabalhado as noções operativas relacionadas com a noção de *estilo*.

[56] Referimo-nos ao artista e teórico do quinhentismo italiano, Giorgio Vasari.

a progressão orgânica da vida, expôs a evolução contínua da arte em ciclos de nascimento, desenvolvimento e de morte e reclamou, para além de outras, uma compreensão da arte nas suas *causas históricas e geográficas*. Segundo esta perspectiva, Winckelmann empenhou-se em dar a conhecer os diferentes "estilos artísticos" mediante as características dos povos e das épocas correspondentes[57].

Para este historiador, quando a situação política é de grande estabilidade estão reunidas as possibilidades para o avanço das artes e da criação artística. Outra das grandes premissas de Winckelmann defende que a estrutura mental de um povo, ou o seu modo de pensar, forma-se com maior eficácia, e com uma feição de garantia exemplar, num ambiente de grande liberdade. Pelo culto do livre pensamento, ganhou a Grécia antiga a qualidade arrojada das suas produções artísticas, esclareceu o autor.

O propósito último de Winckelmann era a sistematização da *essência da arte em si*, alcançando que o objectivo último da arte é atingir o Belo, e este pressuposto é equidistante da crescente influência promovida pela filosofia do Belo, ou pelo incremento reconhecido da estética moderna naquele pensador. A procura do Belo ideal deve, então, constituir um objectivo das artes, e a perfeição deve achar-se na extracção dos pontos mais belos de determinados modelos que asseguram a criação[58]. É interessante verificar que Winckelmann definiu a beleza comparando-a à água que é tanto melhor quanto menos sabor possuir[59].

---

[57] Para Winckelmann, há essencialmente três factores determinantes da criação artística: o clima, o regime político, a estrutura mental comprometida com o espírito de liberdade. O clima porque, para o autor, influi nos caracteres somáticos de um povo, determinando as formas de reacção a determinadas situações, e influindo no modo como se pensa sobre elas. Para oferecer um exemplo axiomático, o autor defende que o clima temperado da Grécia, proporcionando uma vida ao ar livre, determinou muito a cultura do corpo e incutiu uma qualidade, de naturalismo crescente, à arte que aquele povo veio a produzir. No Norte da Europa, a representação de nus é menos pronunciada, ou apropriada, devido ao facto do clima não proporcionar tão capazmente aquela exposição corporal.

[58] Trata-se, no fundo, do regresso à ideia socrático-platónica, e retomada por outros pensadores no decurso da nossa história do pensamento, que defendia a possibilidade de representar-se a beleza na reunião das partes belas da natureza. O neoplatonismo de Winckelmann levou-o a estabelecer que o Belo reside somente em Deus. Trata-se de um Belo ideal, comprometido com a unidade (na variedade), com a harmonia, com a proporção e com a simplicidade (recordemos que Winckelmann ripostava, no seu entendimento estético, contra os excessos formais do Barroco e do Rococó).

[59] Com esta postura teórica, o autor anunciava já, e de certa forma, as teorias desenvolvidas no século XX, pela escola alemã da psicologia de orientação gestáltica, na medida em que aqueles psicólogos, como teóricos da configuração, estabeleceram que uma boa forma é aquela que passa despercebida, ou aquela que não consegue

Uma herança veraz da teoria orgânica promovida por este (novo) *pai da História da arte* prende-se com a noção da existência de leis determinantes da evolução (orgânica) da obra de arte. Diz o historiador que nas leis do desenho, como em todas as invenções humanas, começou-se pelo necessário, buscou-se depois o belo, e depois caiu-se no supérfluo, ou no exagerado (ou no desenho do Rococó, contra o qual Winckelmann se rebela sistematicamente). Esta *categorização quase fisiológica da produção artística* foi o garante de uma fortuna teórica que hoje é altamente criticável: a noção de *arte sublime* e de uma outra arte, que lhe é imediatamente posterior e inferior, etiquetada como *arte decadente*.

Ainda durante o século XVIII vão-se desenvolvendo outras formas de lidar com o fenómeno artístico. A par da embrionária História da arte como ciência autónoma, vingaram os estudos sobre estética (Hegel[60]) e desenvolve-se a crítica da arte, com Diderot e, pouco depois, com o romântico Baudelaire.

Durante o Romantismo exploraram-se as causas últimas e *interiores* da produção artística, numa vertente marcada pelo *empirismo estético*. Discutiu-se o poder dos factores subjectivos de criação, tais como o *espontâneo* e do *arrebatado*, do frémito de alma amargurada e afectada que se expele, da catarse espiritual, entre outros, que revelam a ideia de um artista arrebatado e, na grande maioria dos casos, muito dolorido. Nesta conjuntura cultural desenvolve-se a ideia de uma arte que é o fruto de um compasso febril de criação e longe de quaisquer tradicionalismos académicos.

Como defendeu Delacroix (1798-1863), a tarefa do artista é buscar, na sua imaginação, os meios de representar a natureza e os seus efeitos, expressando-os segundo o seu temperamento particular. Esta *libertação do espírito* tinha sido já teorizada por Hegel quando apresentou o facto artístico como sendo uma *expressão espiritual* que supera a beleza natural. A dialéctica hegeliana apoiou sobremaneira a teoria sistémica (e trifásica) de Winckelmann, entre outros teóricos da arte dos séculos XVIII e XIX, como adiante veremos.

---

notar-se, que é tão sublime que o nosso olhar não se prende nela. Cf. Carla Alexandra Gonçalves, *Psicologia da Arte*, Lisboa, Universidade Aberta, 2000.

[60] Leia-se Hegel, *Estética, o Belo artístico ou o Ideal*, Tradução de Orlando Vitorino, Lisboa, Guimarães Editores, 1983.

Já no final do século XIX, e de entre múltiplas correntes de orientação teórica já ultrapassadas, como o positivismo de Taine (1828-1893) ou de Gotfried Semper (1803-1879), e a *metodologia filológica* de Morelli (1816-1891) e de Bernard Berenson (1865-1959), surge a proposta de Jakob Burckhardt (1818-1897) que conduz a historiografia da arte por novos e utilíssimos caminhos de investigação. Burckhardt estima que a arte é dependente do *Zeitgeist*, ou o *espírito de cada época*. O estudo da arte na sua vertente de *Kulturgeschichte* (ou história da cultura) surgiu como um inequívoco *avanço* no âmbito da história da arte como ciência[61].

Também a proposta teórica concebida por Aloïs Riegl (1858-1905), um importante elemento da chamada Escola (formalista) de Viena[62], merece uma nota de referenciação, porque consubstancia a tentativa de explicar-se quais, e como se estabelecem as relações entre os homens e as obras de arte. Este historiador defendeu, neste encadeamento, que a arte não tenta imitar a natureza, mas que obedece às leis dos *estilos*[63]. Riegl inaugura um conceito que aplica à evolução das formas artísticas, dependentes, para ele, do *Kunstwollen* que é, precisamente, *a vontade do gosto*, ou a *vontade artística*[64]. É o *Kunstwollen* que determina as modificações, ou as transformações artísticas. Para este pensador, as formas artísticas alteram-se porque acompanham as transformações dos ideais estéticos e das condições sociais, religiosas, económicas e culturais de uma determinada época. As finalidades das obras de arte emparceiram, desta forma, com a cultura que as suporta. Deste modo, a arte é um fenómeno

---

[61] Leia-se Jacob Burckhardt, *A Civilização do Renascimento Italiano*, Lisboa, Editorial Presença, 1983, para que possa ter-se uma ideia sobre aquilo que estamos a tentar comprovar.

[62] A Escola de Viena foi fundada por Franz Wickhoff (1853-1909) e por Riegl que encarnam a responsabilidade da formação de uma casta de historiadores importantíssima, dos quais destacamos a primeira leva de Julius von Schlosser; Fritz Saxl, que viria a formar o afortunado Instituto de Warburg; Max Dvoràk, entre outros. Wickhoff defendeu sempre que a análise da arte devia afastar-se do idealismo, e que a obra de arte deve entender-se na sua *autonomia*.

[63] Riegl iniciou os seus trabalhos como conservador no Museu Austríaco das Artes Decorativas, encarregue do espólio dos têxteis que, até ele, não eram consideradas verdadeiras obras de arte. Riegl teve o mérito de alertar a intelectualidade de então para as competências das artes decorativas enquanto factos artísticos tão importantes quanto as restantes artes entendidas como maiores. Para ele, a evolução das formas decorativas obedece a mecanismos imiscuídos, não com a evolução das técnicas que os artistas dispunham, mas antes com as evoluções internas dos objectos.

[64] Para o autor, um novo *kunstwollen* determina as inevitáveis mudanças das expressões artísticas mas sem provocar rupturas. A evolução das formas artísticas faz-se por continuidade que é o fruto, não de cortes efectivos no processo, mas de consecutivas metamorfoses.

dinâmico, levado a cabo por determinados indivíduos dotados de certas qualidades psíquicas conformes a uma veiculação supra-individual ou meta-individual, ou seja, imiscuída com a sociedade, com a religiosidade e com a cultura de uma época. Neste sentido, a abordagem feita por Aloïs Riegl está muito chegada ao que viria a ser uma história social das artes.

Tal como Fiedler, Riegl vê na contemplação da realidade um incentivo para o *fazer artístico*, ou um *impulso* (móbil) *produtivo*. Assim, as concepções do mundo e da vida traduzem-se, para Riegl, num *impulso voluntarista*, ou numa vontade artística (*Kunstwollen*), e devem ser reconhecidas mais no modo de fazer, ou no *estilo*, do que nas coisas representadas.

Partindo do pensamento de Riegl, o checo Max Dvoràk (1874-1921), que lhe sucedeu na Cátedra de História da arte da Universidade de Viena, concebeu uma história da arte num sentido mais universal, ou como uma *história do espírito*. Uma compilação dos seus principais escritos, datada de 1924, encerra um título que é o resumo da sua tese fundamental: *Kunstgesichte als Geistesgeschichte*, ou seja, a *História da Arte como História do Espírito*. Para este autor, a arte deve relacionar-se com as restantes manifestações do espírito, adquirindo assim o seu significado.

No curso que Dvoràk realizou em 1915, titulado *Idealismo e realismo na arte dos tempos modernos*, não renunciou ao enfoque analítico-sintético de Riegl mas ultrapassou-o, tentando provar que os elementos formais e os elementos psico-históricos, anteriormente separados, têm de reunir-se de uma forma unitária. Esta unidade de elementos ofereceu à noção de *Kunstwollen* um sentido mais amplo, fixando o carácter espiritual e cultural de cada época como um móbil para a evolução das formas artísticas. A arte, para este investigador *psico-histórico*, constitui uma cultura autónoma, baseada fundamentalmente na percepção e usando de uma instrumentação técnica apropriada que salda a experiência que os homens têm do mundo, recriando-o. Não devem usar-se as produções artísticas como um meio de conhecimento da história geral, porque as obras de arte possuem um carácter único e expressivo que não pode subjugar-se a qualquer outra instância.

Assim como Wölfflin dispôs sobre a possibilidade de existir uma história da arte sem nomes, Dvoràk concebeu a existência de uma *história da arte sem obras*, ou seja, de uma história da *Ideia* de arte. Esta *Ideia de arte* foi uma concepção que permitiu *ressuscitar* muitos artistas que a historiografia tradicional tinha esquecido[65], e pode fazer-se equivaler ao que os sociólogos contemporâneos pensam ser a *arte-estrutura*.

Na sua obra sobre o *Idealismo e naturalismo na escultura e pintura góticas*, publicada em Berlim em 1919, Dvoràk apresentou a arte medieval como uma espiritualização da arte antiga sob a influência da cosmovisão cristã. É a *espiritualidade medieva* que dá lugar ao nascimento de um novo entendimento do mundo, de uma nova ciência, de uma nova poesia e de um novo sentimento religioso. A cosmovisão medieval penetra, deste modo, em todos os sectores da cultura correspondente.

Deve-se igualmente a Dvoràk a revalorização de grandes personalidades artísticas até então mergulhadas em limbos exploratórios, bem como do período cultural (comprometido) do Maneirismo. Neste contexto, o estudioso alertou para a importância magnânima da personalidade de Miguel Ângelo na formação do momento maneirista. O seu ensaio sobre *El Greco e o Maneirismo* constitui, ainda hoje, uma importante obra de referência para quem se dedica ao estudo deste momento único da história da arte.

Prossigamos agora no tempo[66] para nos fixarmos numa palavra sobre a estética de Heidegger (1889-1976), por entendermos poder consolidar as ideias que possuímos sobre determinados assuntos relacionais. Este filósofo alemão também postulou sobre a arte, tentando buscar-lhe a sua essência última. No seu texto *A origem da obra de arte*, o filósofo escreveu que: «A obra de arte abre à sua maneira o ser do ente. Na obra, acontece esta abertura, a saber, a desocultação, ou seja, a verdade do ente. Na obra de arte, a verdade do ente pôs-se em obra, na obra. A arte é o pôr-se-em-obra [*mise en oeuvre*] da verdade.»[67].

---

[65] Como Tintoreto, El Greco, Goya ou Bruegel, entre outros...

[66] Ultrapassando as *leis da pura visualidade artística* e os *conceitos fundamentais* de Wölfllin (Cf. Henrich Wölfflin, *Conceitos fundamentais de História da Arte*, trad. João Azenha Jr., São Paulo, Martins Fontes, 1996; Juan Plazaola, *Modelos y Teorías de la História del Arte*, San Sabastián, Faculdad de Filosofia y Letras, Universidad de Duesto, 1987; Germain Bazin, *História da História da Arte*, S. P., Martins Fontes, 1989; Jean Luc Chalumeau, *As Teorias da Arte, filosofia, crítica e história da arte de Platão aos nossos dias*, Lisboa, Instituto Piaget, 1997).

[67] Martin Heidegger, *A origêm da obra de arte*, Biblioteca de Filosofia Contemporânea, Lisboa, Edições 70, 1989, p. 30

Nestas frases magníficas, o filósofo expõe a sua teoria de que a obra de arte é esta intenção de abertura à verdade e às essências[68]. A desocultação do ser para atingir a *vera entidade*, o que de último pode buscar-se, no seu sentido mais absoluto, são alguns dos postulados de meditação que importam reter no nosso entendimento *crítico*. Esta crença no caminho da verdade promovido pela liberdade, é um *leitmotiv* na filosofia heideggeriana e, concomitantemente, a busca da verdade constitui, para o autor, um objectivo grandiloquente da obra de arte de *per se*. A arte surge como um acontecimento que se expõe ao mundo, ou a própria exposição do mundo posta em obra...

2.1.1. O método iconológico

Foi já no início do século XX que as produções artísticas e as obras de arte conheceram uma outro método interpretativo, conhecido como iconológico. Embora tenha sido Aby Warburg (1866-1929) quem inaugurou a escola que lhe acolheu o nome (a Escola de Warburg), a figura central do novo método iconológico foi Erwin Panofsky (1892-1968).

Para este historiador, o significado profundo da arte, bem como as intenções artísticas que se escondem por detrás das obras de arte constituem motivos de avaliação erudita ultrapassando-se, deste modo, o mero estudo dos valores formais da obra de arte, para atingi-la por dentro, ou nos seus *níveis de significado*. Panofsky determinou existirem três níveis de significado na obra de arte: 1.º o *Significado Primário* ou Natural (o nível pré-iconográfico); 2.º o *Significado Secundário* ou Convencional (o nível iconográfico); 3.º o *Significado Intrínseco* ou o Conteúdo (o nível iconológico, ou o nível do significado intrínseco da obra de arte).

No primeiro nível de interpretação, descobrem-se os significados primários ou naturais. Trata-se do mundo dos motivos artísticos, e uma enumeração destes motivos seria uma descrição *pré-iconográfica de uma obra de arte*. No segundo nível realiza-se aquilo que se determina como a análise iconográfica, ou como uma correcta identificação dos motivos representados na obra. O último nível de significação, ou aquele que pretende alcançar o conteúdo intrínseco da obra, é «apreendido pela averiguação daqueles princípios subjacentes

---

[68] O conceito de essência quer significar *aquilo porque uma coisa é o que é*.

que revelam a atitude básica de uma nação, período, classe, convicções religiosas ou filosóficas — modificados por uma personalidade e condensados em uma obra.»[69].

Porque a iconografia recolhe e classifica os testemunhos, mas não «se considera obrigada ou habilitada a investigar a génese e a significação desses testemunhos: a interacção entre os vários "tipos"; a influência de ideias teológicas, filosóficas ou políticas; os objectivos ou inclinações de artistas individuais e patronos; ou a correlação entre conceitos inteligíveis e a forma visível que assumem em cada caso específico»[70], assim procederá o nível iconológico. O conceito *iconologia* diverge, assim, em nível de aprofundamento do estudo relativamente à iconografia, na medida em que o sufixo *logia*, derivado de *logos*, quer significar pensamento, enquanto o sufixo *grafia* remete apenas para a descrição. O método iconológico é, então, um *método interpretativo*, enquanto o iconográfico é um método analítico e descritivo.

Assim, no terceiro (e derradeiro) estádio de interpretação da obra de arte, também conhecido como o *nível iconológico*, o historiador tenta esclarecer o significado intrínseco da obra, ou o seu *conteúdo*, ultrapassando-se o estado iconográfico, e procurando os valores simbólicos capitais da representação, as relações do artista com o meio e com a época envolvente ou, numa palavra, buscam-se as relações mais recônditas do autor com a *civilização* (que podem colher-se, por exemplo, na pesquisa das leituras efectuadas pelo artista, do seu ciclo de amizades, do seu envolvimento com a sociedade local e restante, no cotejo das suas obras com outras da mesma época, etc.), numa perspectiva mais abrangente. Este nível de abordagem também permite reconhecer, no artista, o grau de modernidade e os alinhamentos ideológicos que incorporou ou desprezou, entre outras disposições que se traduzem na sua obra.

Determinou Erwin Panofsky que os objectos da história da arte só podem ser caracterizados numa terminologia que seja tão re-construtiva quanto é re-creativa a experiência do historiador de arte: tem de descrever as particularidades estilísticas, não como dados

---

[69] Erwin Panofsky, *O significado das artes visuais*, Lisboa, Editorial Presença, 1989, p. 33.

[70] Erwin Panofsky, *O significado das artes visuais*, ..., pp. 33 e 34.

mensuráveis ou de qualquer outro modo determináveis, nem como estímulos de reacções subjectivas, mas como aquilo que dá testemunho das «intenções» artísticas[71].

3. Karl Marx (1818/1883) e Friedrich Engels (1820/1895)

3.1. O materialismo histórico

Porque a sociologia da arte foi beber a sua origem a tantas fontes, não podemos menosprezar uma das mais importantes para que se formasse uma ideia clara sobre como deve ser entendida a produção artística, bem como a situação das obras de arte. E essa influência capital foi exercida por Karl Marx e por Friedrich Engels que, embora não tenham nunca estudado ou escrito sobre a arte, conceberam um *processo metodológico para as ciências sociais* que os historiadores da arte, entre outros cientistas das ciências sociais e humanas adaptaram, de modo a *fundarem* o que modernamente chamamos sociologia da arte: o *materialismo histórico*[72].

Na realidade, este *método operativo* conhecido por *materialismo histórico* foi identificado por Plekhanov, e possui as suas origens naquilo a que Engels chamou a *concepção materialista da história*, por oposição ao idealismo espiritualista vigente (com Hegel entre outros). O materialismo histórico está muito ligado a outro método operativo, cujo nome

---

[71] Cf. Erwin Panofsky, *O significado das artes visuais*, Lisboa, Presença, 1989.

[72] A propósito das ideias de Marx e, concretamente, a propósito das questões que dizem respeito ao *materialismo histórico*, leia-se a entrada de José Ferrater Mora, «Materialismo histórico», *Diccionario de Filosofia*, Tomo III, Madrid, Alianza Editorial, 1979, pp. 2149 a 2151.

também não foi concebido por Marx, nem por Engels, mas que se usou pelos dois teóricos, em forma de método, conhecido por *materialismo dialéctico*.

Importa-nos reter que se considera ser o materialismo histórico uma doutrina, ou um método do marxismo, por corresponder ao pensamento de Marx (e de Engels) desde cedo na sua obra. Uma das ideias fundamentais desta doutrina é aquela que defende que a *transformação do mundo material se faz por meio do trabalho*. O trabalhador aliena o seu trabalho, o qual se converte num produto susceptível de troca (através da sua compra e venda, sobretudo nas sociedades capitalistas). Conhecer o mundo material (ou das condições de existência materiais) e as relações de produção, leva-nos a apreender a formação das sociedades, porque são elas que fazem o caminho da história.

Marx entendeu que o mundo material, e o que os homens fazem na realidade, constituem as bases para entender a história dos homens e das sociedades que eles assim constroem. Desta forma, *as mudanças das condições materiais de existência provocam inevitáveis transformações nas sociedades* e, por isso, também no *devir histórico*. E todas as estruturas, bem como os produtos de uma sociedade, fazem-se de modo subordinado em relação aos meios de produção que são, neste caso, determinantes.

O materialismo histórico é um processo para entender-se a natureza humana no seu tempo histórico: o que o homem faz, na realidade do seu tempo, e o que ele determina, através da sua acção, impulsionando a(s) sociedade(s). Para a construção de um sistema teórico, Marx tentou definir as leis científicas que explicassem a construção das sociedades, bem como este *devir material* substanciado na história. E porque as alterações nas sociedades são pautadas pela natureza dialéctica dos acontecimentos (as rupturas e as os conflitos desenvolvem-se no sentido de provocar sérias alterações na estrutura de uma sociedade), então é através de um mecanismo dialéctico que devemos procurar entender esta questão fundamental.

O materialismo histórico não faz uso da dialéctica no seu sentido ontológico, mas de uma dialéctica real, que permite entender que a história *se constrói através das lutas de classes*, e que durante a luta, uma classe nega a outra, passando, depois da sua vitória, a viver como aquela que seguiu vencida, mas mediante novas situações conjunturais. A classe dominante, que impulsionou até certo tempo as relações de produção, ao perder o seu domínio fica presa às suas próprias tensões internas e contradições (autoaniquilando-se), legando à classe que lhe venceu o domínio, e que, por sua vez, passará a liderar os novos meios e relações de produção. Numa palavra, sem a actividade revolucionária das classes emergentes não haveria a destruição da classe até então dominante, e a história não progrediria.

Das *relações de produção* nasce a estrutura económica de uma sociedade, ou o verdadeiro fundamento sobre o qual nascem as superestruturas das leis e das políticas. Neste sentido, o modo de produção na vida material determina o carácter geral dos processos sociais, políticos e espirituais de um povo. Esta assunção deu lugar ao juízo, feito por outros pensadores, de que são as estruturas económicas que estão na base das restantes (políticas, culturais, espirituais e mentais, etc.), alterando-as com a sua força. Todavia, o materialismo histórico de Marx concebe a *sociedade em função dos modos e das relações de produção* (que também consubstanciam relações sociais de produção) e não em função da estrutura económica *tout court*.

Basicamente, o materialismo histórico é um método que pretende investigar as estruturas sociais e a história humana, e Marx aplicou-o ao estudo da formação de várias sociedades, particularmente no estudo crítico da sociedade burguesa capitalista. Por outras palavras, contrariando (de certa forma) o idealismo hegeliano, Marx[73] perspectiva a História não como um processo espiritual, mas antes como um *devir material* cujo processo desencadeia um *sistema dialéctico gerador de lutas de classes*.

Recorramos às palavras de Carlos Reis para que possamos empreender a nossa caminhada teórica, munidos de um número substancial de perspectivas: «De um ponto de vista filosófico, o materialismo histórico começa por afirmar um pendor anti-idealista que o transformará em adversário intransigente de toda a forma de subjectivismo; com esse pendor relaciona-se directamente a prioridade do material exterior, observável e susceptível de uma análise sistemática a que não é alheia a valorização racional sobre o emocional: daí a peremptória afirmação de que "o materialismo filosófico marxista considera que a matéria, a natureza e o ser são uma realidade objectiva que existe para além e independentemente do

---

[73] As teorias de Karl Marx não podem confundir-se com o marxismo (ou com os marxismos) a que deram origem e é por esse motivo que temos de usar o conceito marxismo com a devida cautela.

nosso espírito; que a matéria é primária visto que é a fonte de sensação, ideias, espírito e que o espírito é secundário, derivado, visto que é a imagem reflexa da matéria, a imagem reflexa do ser"[74]. Esta propensão materialista conjuga-se com a filosofia da História ajustada ao carácter eminentemente dinâmico do real observado; para o materialismo histórico, a História constitui uma ciência de crucial importância, uma espécie de matriz insubstituível na análise do homem concreto, exigindo-se-lhe, no entanto, a superação tanto da pura sucessividade inerente ao mecanismo positivista, como sobretudo das limitações idealistas de extracção hegeliana. Em última análise, será ao materialismo dialéctico, como núcleo filosófico do materialismo histórico, que caberá vincar a impossibilidade de se separar o homem da natureza, quando se pretende observar as condições e circunstâncias de ocorrência de uma relação de tendência eminentemente dialéctica [...].»[75].

Sobre o *materialismo dialéctico*, convém saber tratar-se de uma doutrina que não pode identificar-se com o pensamento de Marx, embora o seu entendimento tenha sido extensamente dialéctico, como já tivemos ocasião de verificar. A formulação do materialismo dialéctico faz-se com Engels[76], numa tentativa de completar as teorias de Marx. Com o materialismo dialéctico de Engels viriam a surgir, depois e entre outras, algumas teorias conhecidas hoje como as de um *marxismo ortodoxo*. Fundamentalmente, o materialismo dialéctico surge por oposição ao materialismo mecanicista das ciências da natureza, e afirma que os fenómenos materiais são *processos*. Invertendo a ideia hegeliana do carácter dialéctico das mudanças nos processos naturais como manifestações do espírito, Engels determinou a base dialéctica na matéria[77].

---

[74] Citação intercalada de Estaline, *Sobre o materialismo dialéctico e histórico*, Lisboa, Ed. Estampa, 1975, p. 23.

[75] Carlos Reis, *O discurso ideológico do neo-realismo português*, Coimbra, Livraria Almedina, 1983, pp. 335 e 336.

[76] Na sua obra *A transformação das ciências pelo Sr. Dühring*, publicada na forma de artigos em 1877.

[77] Engels entendeu que a dialéctica da natureza se processa por meio de três grandes leis: a lei da passagem, da quantidade e da qualidade; a lei da interpretação dos contrários (ou dos opostos, que é universal e explica todo o movimento natural e social);a lei da negação da negação (a lei da negação explica porque, na natureza, os elementos nascem e morrem sem antes produzirem outros elementos que fazem voltar tudo ao início que é o nascimento consecutivo). Depois de Engels, muitos foram os pensadores que utilizaram o materialismo dialéctico como matriz, mas modificando determinadas *coordenadas-chave* do pensamento inaugural (tal como fez Lenine, transformando o materialismo dialéctico na conhecida fórmula do marxismo-leninismo, interessado na defesa de um *realismo materialista*). O materialismo de Lenine faz-se mediante a equiparação da realidade material à realidade do mundo real externo, reflectido pela consciência que copia esse mundo através das percepções (ou

3.2. As origens do pensamento de Karl Marx

Para que possamos entender as teorias de Karl Marx temos, obviamente, de situar o
pensador no seu tempo e no seu espaço, e temos ainda de procurar as suas influências,
discernir a sua cultura particular e o seu génio pessoal[78]. O seu pensamento radica no século
XVIII, ou no tempo das mudanças políticas e sociais que a Revolução Francesa fez surtir.
Anthony Gyddens escreveu, a este mesmo propósito que as «obras de Marx prolongaram [...]
até à nossa época os efeitos da Revolução Francesa, constituindo a expressão de uma linha de
continuidade directa entre 1789 e a Revolução de Outubro na Rússia, que teve lugar quase
cento e trinta anos mais tarde.»[79].

Enquanto estudante universitário, Marx estudou Hegel em pormenor, atraído
principalmente pela «síntese que Hegel fez dos fragmentos dicotómicos da filosofia clássica
alemã que constituíam o principal legado de Kant.»[80]. Marx valorizou o fechamento (levado a
cabo por Hegel) do sistema deixado aberto pelo pensamento antitético kantiano. Não restam
dúvidas de que Hegel cumpriu, de facto, um importante papel na intelectualidade de então,
uma vez que em virtude das várias vicissitudes epocais, era necessário (re)pensar o homem,
(re)pensar a cidade, (re)pensar a sociedade e todo o futuro da civilização. Para Hegel, o
indivíduo não pode entender-se individualmente e separado da sua comunidade cultural, social
e política, e o *Espírito do povo* (*Volkgeist*) é um móbil da história, sendo nele que o indivíduo
atinge a sua plenitude. Para Hegel, a organização política e social de um povo, segundo um
princípio racional, atrai-lo-á no caminho da liberdade.

Importa agora fazer-se um breve apontamento sobre o pensamento de *estrutura
dialéctica* que alicerça a filosofia de Hegel. Para este filósofo, o termo dialéctica utiliza-se para
compreender-se o mundo das coisas. A necessidade de ruptura e de superação de uma

---

sensações). O verdadeiro conhecimento do mundo, para Lenine, é o conhecimento científico partindo da
percepção. O que Lenine fez, na prática, foi converter as leis do materialismo dialéctico numa ideologia
concernente com o seu objectivo: a luta em favor de um socialismo, ou de uma sociedade sem classes.

[78] Para conhecer-se um pouco melhor o envolvimento pessoal de Karl Marx, leia-se a obra de Francis Wheen, *Karl
Marx, a Life*, Hardcover, 2000.

[79] Anthony Gyddens, *Capitalismo e Moderna Teoria Social*, Lisboa, Editorial Presença, 2000, p. 27.

[80] Anthony Gyddens, *Capitalismo e Moderna Teoria Social*, ..., p. 28.

realidade que se apresenta aleatória e contraditória (e que era a realidade da Alemanha do seu tempo) reclama por uma *transformação definida dialecticamente*. A dialéctica hegeliana exprime a contradição do mundo e a necessidade da sua transformação e superação, para que o homem possa atingir uma estrutura social infinitamente livre. Por outro lado, o carácter dialéctico da realidade quer significar que cada *coisa* só pode ser o que é, *se estiver em interna relação* (de devir) com as *coisas* remanescentes, e com a totalidade do real. A realidade é, em última instância, um processo em constante mutação, e o móbil dessa transformação é a sua *contradição interna, que é infinita*. Hegel determina que a realidade, enquanto estrutura dialéctica, é *processual*, regida e movida pela contradição, internamente relacionada, e constituída como uma oposição de contrários[81].

Estas precisas fontes teóricas foram digeridas por Karl Marx quando definiu a realidade social e histórica. A história é, para Marx, esta sucessão de mutações radicais mas, para ele, ela é o fruto de uma constante luta de classes que cessará somente quando *findarem as distinções sociais*. O materialismo histórico de Marx é uma construção dinâmica, concertante, e ligada ao progresso do homem (entendido também como um ser criativo e produtivo), na sua luta interminável contra a alienação. E este devir é o verdadeiro motor da história.

A par do domínio exercido por Hegel, Marx viu-se também fortemente influenciado por Feuerbach que, por seu lado, tentou inverter alguns caminhos abertos por Hegel, atacando-o directamente no seu idealismo (entendido como a fórmula recorrente de que «só o espiritual é o real»), bem como na sua ideia de *Espírito*, como um aspecto fundamental na (e da) vida de um povo. Para Feuerbach, o estudo da humanidade tem de fazer-se a partir de dentro, ou seja, a partir do *próprio homem* que vive (neste) mundo real e material. Não podemos entender a territorialidade do real se nos mantivermos fiéis a uma convicção teórica que deposita as suas ideias num motor espiritual. Segundo Feuerbach, que desmantelou a confiança dos hegelianos de então na perfeição do sistema filosófico de Hegel, compete à «filosofia ajudar o homem a recuperar a sua essência alienada [pela crença no Deus-Pai] por intermédio de uma crítica transformadora, que inverta a perspectiva hegeliana e afirme o primado do mundo material.»[82].

---

[81] Sentido este que Engels retomaria, como vimos.

[82] Anthony Gyddens, *Capitalismo e Moderna Teoria Social*, ..., p. 30.

Mesmo a existência de Deus é reinterpretada, por Feuerbach, como uma projecção do homem no terreno imaterial[83]. A filosofia *materialista* de Feuerbach veio trazer a Marx a possibilidade de rever as teorias *idealistas*, particularmente a teoria política de Hegel. Marx constituiu, com a superação da filosofia de Hegel e com a crítica feuerbachiana, uma nova síntese de grande fortuna.

Marx saiu da Alemanha em direcção a Paris, e foi durante essa sua permanência em França que o autor sofreu as influências do socialismo (de Proudhon, e de Saint-Simon, etc.) francês. Tentando explicar as insuficiências e o atraso da sociedade alemã, Marx propõe, como alternativa efectiva ao sistema económico, social e político vigentes, uma solução teórica arrojada de comprometimento com a *praxis radical*. A máxima deste autor passa então a ser a de que a revolução é o caminho que permite ao homem avançar progressivamente. É que o «baixo nível de desenvolvimento económico da Alemanha faz com que o proletariado industrial esteja ainda em vias de constituição nesse país, diz-nos Marx. Mas a expansão desse proletariado, combinada com a estrutura social e política particularmente atrasada que caracteriza a Alemanha, constituem o conjunto de circunstâncias que poderão levar esse país a ultrapassar todos os países europeus.»[84].

Recordemos que, para Marx e Engels, a sociedade parte-se, desde sempre, em dois grupos fundamentais: as *classes dominantes* e exploradoras, e as *classes exploradas*. É partindo da constante luta pelo poder de uns, e pelos direitos de outros, que se oferece à história a possibilidade de avançar dialecticamente. A grande batalha das classes socioeconómicas terminará com a extinção das suas diferenças, numa sociedade global sem classes e, por isso, mais livre, produtiva e feliz. Nesse futuro, a sociedade viverá na sua mais plena felicidade, partilhando valores de criatividade, de paz, de liberdade, de solidariedade, e de universalidade... A arte dessa era socialista será, para Marx, conforme à mundividência estética, original e criativa. E nessa época áurea, o laboro do artista confundir-se-á com o trabalho humano remanescente, e todos viverão de acordo com infinitas possibilidades de realização.

---

[83] Cabe aqui a paráfrase importante, de um escrito feito por Marx na sua obra *O Capital*: Para mim (...) o ideal não é mais do que o material transposto e traduzido na cabeça do homem.

[84] Anthony Gyddens, *Capitalismo e Moderna Teoria Social*, ..., p. 36.

Marx debateu-se demoradamente com questões de âmbito crítico e ensaístico, demonstrando o que entendia por *Estado* e por *Democracia* (conceito que, mais tarde, substituiu por *comunismo*), abrindo análises sobre a *economia política*, sobre o *capitalismo moderno*, sobre *filosofia* e a *moral*, sobre a religião, o direito, sobre a *história*, e sobre os seus ideais de uma *prática revolucionária*, sobre a *alienação do trabalhador* (como força produtiva) em relação ao produto do seu trabalho, sobre a *alienação da produção* em si, para futura troca, sobre o *capital*, etc.

Uma das teses que mais importa agora reter (e que o autor escreveu na compilação que se conhece como *Escritos da Juventude*) é aquela que diz serem os fenómenos económicos simultaneamente fenómenos sociais, e que a existência de determinado tipo de economia pressupõe um determinado tipo de sociedade[85].

No seu livro sobre a *Ideologia Alemã*, publicado entre 1843 e 1846, Marx postula sobre um princípio importante que desenvolverá depois na *Introdução à Crítica da Economia Política* (1858): «Não é a consciência que determina a vida, mas é a vida que determina a consciência.»[86]. Este princípio constitui, precisamente, uma das teses do *materialismo histórico* e, partindo dela, somos levados a colher múltiplas interpretações e outras especulações teóricas de entorno, e de igual relevância. De entre elas, aporta logo a crítica ao sistema idealista alemão e, por outro lado, lembra-nos que é a própria vida (ou as *condições materiais da vida*), que nos determina o modo como agimos, e o modo como nos posicionamos ideologicamente[87]. Esta

---

[85] Esta tese vingará como substrato, como se verá a seu tempo, nas correntes de análise social da arte.

[86] Cf. Juan Plazaola, *Modelos y Teorias...*, p. 89. Numa outra referência mais completa, leia-se Marx e Engels, *Sobre a literatura e a arte*, Lisboa, Ed. Estampa, 1971, p. 27; Carlos Reis, *O discurso ideológico...*, p. 308): «O modo de produção da vida material condiciona o processo da vida social, político e intelectual em geral. Não é a consciência dos homens que lhes determina o ser; é, inversamente, o ser social que lhes determina a consciência [...]. Com a mudança da base económica, toda a enorme superestrutura é mais ou menos rapidamente destruída. Quando se consideram tais destruições, é necessário distinguir sempre entre destruição material das forças económicas da produção [...] e as formas jurídicas, políticas, religiosas, artísticas ou filosóficas, em resumo, as formas ideológicas através das quais os homens tomam consciência desse conflito [...].».

[87] Tenhamos, contudo, a devida cautela quando usamos, neste contexto, o conceito *ideologia*. Para Marx (e não para todos os pensadores *marxistas*), a palavra *ideologia* quer designar as *representações ilusórias da realidade*, representações que *ocultam a observação empírica dos fenómenos* que, como ele próprio defendeu, encarna o processo de análise consertado da realidade social. Para Marx, as ideologias servem, nada mais, do que para *legitimar o poder constituído, ou o poder das classes dominantes*, porque escondem a verdadeira contradição da realidade, justificando a ordem constituída e impossibilitando o devir natural dos acontecimentos. Assim «as ideologias são [para Marx], sobretudo, um instrumento de poder e de manipulação da consciência» (Franco Crespi,

54

teoria, marcadamente materialista, interliga-se também com o facto de Marx considerar o trabalho como: «a actividade fundamental que, na relação com as efectivas relações materiais, com o ambiente e os recursos nele disponíveis, define os modos de reprodução (família) e as formas de organização social (relações de produção, modos de produção). Neste contexto, a própria consciência que os indivíduos possuem de si e da sua situação social surge como *produto* das relações sociais.»[88].

De facto, os seres humanos são controlados e determinados pela vida [ou pelas forças e pelas relações de produção, pela divisão do trabalho e pela divisão da propriedade que constituem a (infra)estrutura de suporte à superestrutura social que se representa sob formas de interpretação míticas, morais, artísticas, filosóficas, culturais, etc.[89]], com todas as estruturas e envolvimentos afectos, com todas as determinantes e vicissitudes que ela própria incorpora e que depois engendra.

A vida humana pode definir-se como uma existência socioeconómica determinante, e que marca o desenvolvimento da consciência de um povo. A nossa consciência enquanto tal nada determina, mas é antes um resultado da própria realidade, que é formeira.

Na abertura do *Manifesto do Partido Comunista* (1848), ditam-se as primeiras conclusões económicas, e sociopolíticas da incessante conjuntura dialéctica da história: «A sociedade burguesa moderna, gerada nas ruínas da sociedade feudal, não aboliu os antagonismos de classes. Ela não fez mais do que substituir por novas classes, por novas condições de opressão e novas formas de luta, as que existiram outrora. [...] Cada vez mais a sociedade se divide em dois vastos campos inimigos, em duas grandes classes diametralmente opostas: a burguesia e o proletariado. Dos servos da Idade Média, nasceram os burgueses das primeiras comunas; desta população dos burgos saíram os primeiros elementos da

---

Manual de Sociologia..., p. 37). Todavia, o termo *"ideologicamente"*, usado neste volume, quer significar que somos determinados a agir, e a tomarmos como nossas, um determinado conjunto de ideias, crenças e doutrinas, próprias de uma sociedade e de uma determinada época. No fundo, a nossa determinação ideológica pode, inclusivamente, levar-nos a romper com os poderes instituídos...

[88] Franco Crespi, *Manual de Sociologia da Cultura*, Lisboa, Editorial Estampa, 1997, p. 35.

[89] Franco Crespi, *Manual de Sociologia da Cultura* ... .

burguesia.»[90]. Com o progresso da indústria e do comércio, aliados ao desenvolvimento dos meios de comunicação e ao incremento da livre concorrência, aquela classe que outrora fora oprimida, a burguesia, transforma-se de imediato na classe opressora de uma nova população assalariada que vive em condições cada vez mais agoirentas: o proletariado. Assim, por «toda a parte onde veio a dominar, a burguesia destruiu todas as relações feudais, patriarcais e idílicas. Impiedosa, desfez os laços multicolores que ligavam o homem feudal aos seus superiores naturais para acabar por deixar substituir, entre o homem e o homem, apenas o mero interesse, a frieza do pagamento a contado. [...] Numa palavra, no lugar da exploração, camuflada pelas ilusões religiosas e políticas, ela colocou uma exploração aberta, desavergonhada, directa, brutal.»[91].

Esta tese admirável comprova-se sem esforço na teoria vulgar que nos ensina: aqueles que foram os oprimidos e os explorados, sentiram uma forte necessidade de reagir e de lutar contra o sistema dominador mas, quando finalmente alcançaram o poder, tornam-se, eles mesmos, nos novos opressores e exploradores da (nova) classe que emergia depois.

No decurso deste processo incrementado nasceram outros grupos sociais que constituíram o fruto desta nova coacção. Cabe-lhes agora, como síntese do processo económico e social, compelir pelo devir histórico, agremiando-se numa nova defesa contra a (nova) classe (dominante) que os afoga. O crescente desenvolvimento incutido pela nova ordem industrial arrasta consigo o operário que, para além do seu alcance enquanto escravo da produção desenfreada, cai paulatinamente num desespero acentuado pela competição com a maquinaria[92]. Os salários baixam cada vez mais, o desemprego acentua-se, a desconjunção económica revela-se a nível social a cada instante, e em crescendo, e os conflitos entre a classe operária e a burguesia dominante são o resultado inevitável desta nova conjuntura.

Ainda assim, Marx reconhece na burguesia o poder de superação do presente através da *inovação* e da *revolução tecnológica* (tendencialmente progressista), e acrescenta que alguns

---

[90] Marx e Engels, *Manifesto do Partido Comunista*, Col. Textos do nosso Tempo, Centelha, Coimbra, 1974, p. 23.

[91] Marx e Engels, *Manifesto ...*, p. 26.

[92] Na sua obra *O Capital*, Marx desenvolve a ideia de que quanto mais progride o capitalismo, mais pobres se tornam os trabalhadores.

dos seus elementos até vão apoiando o proletariado. Mas logo depois desmente a criatividade do *burguês-tipo*, porque o classifica como um ser sem vontade própria. Prevê-se então que a burguesia encarna, inconscientemente, e ainda que sem vontade explícita, o veículo do progresso da indústria. Mas, e posto isto, e porque a concorrência vai aumentando, o operariado vai saindo do seu isolamento, associando-se, através das novas formas de união revolucionária. Esta forma de união vai, lentamente, minando o desenvolvimento da grande indústria, sob os pés da burguesia, e no terreno que ela própria construiu. Este caminho leva à queda da burguesia e à vitória, paulatina, do proletariado[93]. Numa justa conclusão, a burguesia, que acelerou o curso da história a grande velocidade, tornou-se, justamente, na principal responsável pela sua desaceleração.

Em 1858, Marx publica que o conjunto das relações de produção «constitui a estrutura económica da sociedade, isto é, a base sobre a qual se levanta a superestrutura jurídica e política, e à qual correspondem formas determinadas da consciência social. O modo de produção da vida material condiciona, no geral, o processo social, político e espiritual da vida. Não é a consciência que determina o seu ser, senão o contrário, é o seu ser que determina a sua consciência.»[94]. Neste contexto, para conseguirmos conhecer os fenómenos superestruturais temos, antes de tudo, de colocá-los na devida relação com os factores que são os seus determinantes, ou seja, com os factores infra-estruturais, como é o sistema económico, apoiado nas relações de produção. Esta é a base da relação científica da realidade social, ou seja, o ponto fulcral de uma teoria interpretativa do fenómeno social enquanto objecto de análise científica.

Se para Aristóteles o homem é um animal social, para Marx ele é um ser naturalmente *comunitário* que vive e trabalha num ambiente de universalidade (influências de Kant e de Hegel). Não existe o *homem individual*, mas antes um *ser para a espécie*, ou um ser da espécie que só se viu num contexto de individualismo quando massificou e complexificou o seu sistema

---

[93] Marx e Engels, *Manifesto* ... .

[94] Marx e Engels, *Escritos sobre arte*, Barcelona, 1969, p. 29; Juan Plazaola, *Modelos y Teorías de la História del Arte...*, p. 89.

económico e social, alterando o regime para uma nova ordem capitalista e de especialização de trabalho.

3.3. Das poucas ideias de Marx e Engels sobre a arte

De facto, cada indivíduo é um receptáculo «da cultura acumulada pelas gerações que o precederam, e cada indivíduo, pela interacção com o mundo natural e social em que vive, contribui para modificar ainda mais o mundo da experiência de todos os outros.»[95].

Nem Marx nem Engels realizaram estudos sistemáticos sobre as produções artísticas, e muito menos ainda, qualquer trabalho sobre a história, a filosofia, ou a teoria artística mas, ainda assim, podemos encontrar pequeníssimos apontamentos, muito disseminados, sobre o tema geral agora em causa. Por esse motivo, porque apesar do silêncio sobre os temas da arte restam alguns resquícios que lhe são relativos, os exegetas marxistas buscaram, incansavelmente, as trilhas que possibilitassem uma abertura ao caminho de uma literatura artística sustentada, e no *método* então criado.

Segundo Karl Marx, a arte é uma produção social e pertence a uma superestrutura que depende directamente dos sistemas económicos que a compõem. A arte não possui, na sua origem, outra intenção que não seja a sua ligação com a evolução humana e com os factos sociais. Aquele que produz uma obra de arte está a *exercitar a sua humanidade em plena liberdade de acção*.

O homem é, para Marx, um ser *naturalmente criador*, e as suas possibilidades de criação são-lhe, por vezes negadas, através da alienação provocada pelo carácter coercivo do capital. Para este pensador, até o capitalismo consubstancia uma *criação*, por imiscuir-se com a produção, oferecendo algumas possibilidades de progresso (em termos de processo). Todavia, os mecanismos usados pelo sistema capitalista ou seja, as relações sociais promovidas pelo capitalismo (tendencialmente individualistas), impedem esse mesmo progresso.

Na *Introdução à Crítica da Economia Política*, Marx aborda, embora também muito sumariamente, algumas questões ligadas com o fenómeno estético. Diz o autor que uma obra

---

[95] Anthony Gyddens, *Capitalismo e Moderna Teoria Social*, ..., p. 42.

de arte, como outra qualquer produção, cria um público específico, caracterizado por ser sensível à arte, e por ser capaz de sentir prazer com a beleza. Ao mesmo tempo, a produção artística não cria apenas um objecto para o sujeito, mas também um determinado sujeito para aquele objecto. Ou seja, a obra de arte tem, talvez, o poder de fazer-se sentir no homem, transformando-o e adequando-o a ela.

Genericamente, o homem depende das *forças produtivas* (e das *relações de produção*) que condicionam o seu *modus vivendi* (e também a sua consciência, como já anotámos). São, por isso, as relações de produção que, por condicionarem a consciência do homem, também lhe regularizam o gosto estético e artístico. Neste sentido, Marx questionava-se muito sobre como pode o homem gostar, ou sequer compreender as formas artísticas que se produziram em épocas cujas estruturas mundividentes estão já tão completamente ultrapassadas. Mas porque Marx possuía um gosto indiscutível pela arte grega, considerada por ele como um modelo inultrapassável[96], vai-se justificando, afirmando que aquelas produções artísticas possuem uma profunda ligação com a *infância social da humanidade* e é por esse motivo que continuam benquistas e atractivas, mesmo depois de terem ocorrido tantas e tão extraordinárias mutações históricas (particularmente económicas e sociais)[97]. A sua defesa baseia-se no facto de entender que, assim como todos os homens se sentem intimamente ligados e atraídos pela sua infância, sentem o mesmo na relação com a *infância social da humanidade*, momento belo e atractivo da história da evolução humana em seus começos[98].

---

[96] Um tanto ou quanto na esteira de Hegel, que teorizou sobre o regresso ideal à *polis* Grega, como contraponto crítico relativamente às contradições, à falta de liberdade e ao atraso permanente vividos na Alemanha durante a sua época histórica e social. Na *polis*, o indivíduo harmonizava-se com o todo social e com o espírito colectivo num verdadeiro sentido de liberdade.

[97] Para Marx (na sua *Introdução à Crítica da Economia Política*), não era difícil compreender que a arte grega e a epopeia estivessem ligadas a uma certa forma de *evolução social*, embora seja paradoxal que ainda hoje produzam emoções estéticas e sejam consideradas como verdadeiros modelos inultrapassáveis. O facto explica-se porque o homem mantém, em relação á sua infância, uma atracção inexcedível.

[98] O gosto que Marx nutria em relação às artes mais clássicas e académicas impediu-o de apreciar os movimentos de vanguarda.

4. A fortuna do materialismo

O alcance das ideias de Marx e Engels, no âmbito dos estudos posteriores sobre as relações que os homens possuem com os fenómenos artísticos foi, nada mais, do que a criação de um possível sistema de análise (aplicado às ciências sociais) da arte feita através das novas lentes da sociologia. Os temas centrais passam a ser o das inter-relações entre a arte e a sociedade, o da função social da arte em determinadas sociedades, ou, numa palavra, a pesquisa sobre a arte mediante um ponto de vista sociológico.

A condução do *marxismo* para a relação com as metodologias usadas em História da arte não é outra coisa senão a ligação dos fenómenos artísticos com os acontecimentos económicos e sociais do momento, explicando-se a criação também através da sua inserção nas extensas relações de produção. Para Marx, as relações de produção consubstanciam a base de desenvolvimento histórico, e o sistema económico é uma estrutura de suporte, enquanto para Engels, para além do suporte económico de cada sociedade, temos de atender à sua matriz ideológica. A realidade artística também se forma sob o largo manto ideológico de determinada sociedade[99]. Na esteira de Engels, pensa-se que a origem da arte não pode reduzir-se a uma realidade exclusivamente económica, mas tem de atender-se a uma série encadeada, e extensamente inter-relacional de factores que, por vezes, são até contraditórios, mas sempre frutíferos nas suas sínteses.

Marx e Engels determinaram uma generalização: a de que a produção artística (como qualquer outra produção humana) deve ligar-se aos acontecimentos económicos, sociais e culturais de cada momento, e a criação também se explica através da sua inserção nas (imensas) relações de produção concretas.

---

[99] Cf. F. Checa Cremades, M.S. Garcia Felguera e M. Moran Turina, *Guia para el Estudio de la Historia del Arte*, Madrid, Cuadernos de Arte Cátedra, 1980, p. 51.

4.1. Os destinos da sociologia da arte: alguns autores, os estudos e ideias fundamentais

Conforme estamos a verificar, no interior da teoria da arte foi-se desenvolvendo um novo método, prenhemente ligado à sociologia, desde o surto dos trabalhos desenvolvidos por Karl Marx e também por Friedrich Engels, com os seus contributos para o desenvolvimento das ciências sociais[100]. Sem que possamos olvidar a conjuntura teórica que, desde o século XVIII, propunha caminhos de investigação desencadeantes[101], as visões promovidas por Marx, e pelo materialismo histórico, justapuseram-se com grande fortuna aos interesses dos teóricos que diligentemente tratavam sobre os problemas presos com a relação que as obras de arte mantêm com os homens e com o mundo. Se historiadores de arte e estetas moviam ideias sobre estes casos em investigação, Marx contribuiu, mesmo que de forma inadvertida, para a construção destes sistemas explicativos que fizeram desenvolver a sociologia da arte enquanto tal.

4.1.1. Georges Plekhanov

Na esteira desta conjuntura de análise contam-se séries intermináveis de estudos e de autores. Escolhidos alguns teóricos, enunciem-se, em síntese, algumas propostas de trabalho e, neste contexto, refira-se desde já o caso clássico do marxista George Plekhanov (1856-1918)[102] que, na sua obra publicada em 1912, *A arte e a vida social*[103], estipulou uma importante fórmula, ou proposta teórica de ligação da arte com a mundividência humana: *a arte é o reflexo*

---

[100] Dissemos já que Marx fora fortemente influenciado pelo utópico Pierre-Joseph Prudhon que foi um socialista também preocupado com as questões artísticas. Para este pensador, importava aferir sobre a função social da arte. A arte, para Prudhon, tem de ligar-se com a vida, ao invés de preocupar-se apenas com as coisas belas, porque ela tem como missão o aperfeiçoamento moral dos indivíduos. O filósofo (esteta) francês Jean-Marie Guyau (1854-1888) dispôs que a arte não pode separar-se dos demais aspectos da vida social e que devia chegar ao maior número de pessoas possível. Para Guyau, a arte é vida concentrada, é expressão de vida através de uma forma agradável que conduz os homens ao sentimento da beleza e à experiência estética (que deve ser de carácter social). A arte, para o autor, é um conjunto metódico de meios conducente a produzir esse **estímulo** geral e harmónico da vida consciente que constitui o sentimento do belo (*Apud*. Vicenç Furió, *Sociología del Arte ...*, p. 42). E se é certo que o contexto social condiciona a arte, ela também é condicionada pela capacidade inventiva dos artistas que a produzem, contribuindo, também eles, para criar novas situações e novos valores sociais.

[101] Cf. capítulos anteriores.

[102] Conhecido também por considerar-se o fundador de uma *estética marxista*.

[103] Georges Plekhanov, *A arte e a vida social*, Lisboa, Moraes Ed., 1977.

da vida social[104]. O esteta russo afirmou ainda que a arte de qualquer povo mantém sempre uma apertada *relação causal* com a sua economia que, por sua vez, *determina* as preferências estéticas das sociedades.

Plekhanov rejeita abertamente o interesse das obras de arte que não possuem qualquer ligação com os problemas sociais, ou com a utilidade social e, por esse motivo, o autor não admite a existência de uma *arte pela arte*, ou de uma arte sem mensagem, e recusou-se a entender os méritos de alguns períodos artísticos, tais como o impressionismo ou o cubismo, caracterizados por ele como absurdos.

Nas palavras críticas de Carlos Reis, Plekhanov vai ainda mais longe, chegando mesmo a postular que a arte deve encarar-se como um «pretexto para a análise de fenómenos sociais, dada a correspondência linear estabelecida entre sociedade e fenómenos artísticos». Esta correspondência estabelecida pelo autor, chega a «inspirar ilações que Marx nunca avalizaria, como seja a que afirma que a "arte de uma época decadente *deve* ser decadente. É inevitável". [...] Por outro lado, ao equacionar a produção artística como puro reflexo da vida social, Plekhanov deixa na sombra toda a complexa problemática da especificidade dos discursos estéticos [...].»[105].

Esta determinação não coincide abertamente com os estudos realizados por Marx e por Engels, apesar dos constantes *esforços* de união. Para além disso, comprova-se que as mesmas causas sociais não determinam as mesmas consequências estético-artísticas[106].

Plekhanov explicou ainda que os ideais de beleza dominantes num determinado núcleo social têm as suas origens numa predisposição biológica, interligada com o desenvolvimento da espécie humana, que, por seu turno, determina quer a evolução racial, quer as condições históricas do nascimento e existência desse núcleo social[107].

---

[104] Vimos já como esta afirmação não é absolutamente correcta em termos de sociologia da arte.

[105] Carlos Reis, *O discurso ideológico ...*, p. 298.

[106] Arnold Hauser, *A Arte e a Sociedade*, Lisboa, Presença, 1984. Esta ideia foi já repudiada e entende-se como um erro teórico.

[107] Cf. Georges Plekhanov, *A arte e a vida social...*, pp. 30 e 31.

Para Plekhanov não há arte desprovida de conteúdo ideológico. E mesmo as obras cujas preocupações são estritamente formais, não implicam qualquer diferença em relação às questões, ou às inquietações políticas e sociais[108].

4.1.2. Trotsky e Lenine

Já para Leon Trotsky (1879-1940), a arte possui as suas leis internas, bem como a sua especificidade, e é por essas leis que ela se rege, ao invés de bastar-se a reflectir fenómenos: «La création artistique n'est évidemment pas du délire. Mais elle est aussi une altération, une déformation, une transformation de la réalité selon les lois particulières de l'art»[109].

Para o autor, a arte pode conduzir à liberdade (e pode libertar o artista), caso seja uma arte revolucionária, lutando para a libertação da humanidade.

Quando Trotsky encontra o poeta surrealista André Breton no México, em 1938, criaram-se as condições para pensar-se a arte, bem como o papel dos artistas contemporâneos, e os valores publicaram-se depois (por Breton com o pintor Diego Rivera), no manifesto intitulado *Por uma Arte Revolucionária Independente*, confrontando-se ali as ideias de Trotsky e de Breton sobre a arte e a revolução[110]. A importância deste texto foi fundamental, na medida em que consolidou, ajudando a constituir-se a Federação Internacional da Arte Revolucionária e Independente (F.I.A.R.I.), por oposição à existente Assembleia dos Escritores e Artistas Revolucionários (A.E.A.R.), que funcionava como um *instrumento* de propagação dos *dogmas vinculativos ao dirigismo artístico*, na ideia do realismo socialista. O objectivo último do Manifesto era, simplesmente, a convocação à independência da arte, para a revolução, e à revolução para a liberação definitiva da arte.

---

[108] Cf. Vicenç Furió, *Sociología del Arte ...*, pp. 45 e 46.

[109] Léon Trotsky, *Littérature et révolution*, Paris, U. G. É., 1964, p. 202. *Apud.* Carlos Reis, *O Discurso Ideológico ...*, p. 302.

[110] A 13.ª alínea do *Manifesto* em causa esclarece que o objectivo do texto é encontrar um terreno para reunir todos os defensores revolucionários da arte. A revolução deve exercer-se também pelos métodos da arte, e defender a liberdade da arte contra os usurpadores da revolução. Estamos profundamente convencidos — escreviam os autores —, de que o encontro nesse terreno é possível para os representantes de tendências estéticas, filosóficas e políticas razoavelmente divergentes. Os marxistas podem caminhar aqui de mãos dadas com os anarquistas, com a condição de que uns e outros rompam implacavelmente com o espírito policial reaccionário representado por Estaline.

Trotsky defendeu que a arte, entre outras criações intelectuais progressistas, deve ser contestatária e libertadora, de forma a trabalhar em prol de um dos seus grandes objectivos que é ajudar o homem a emancipar-se.

Lenine (1870-1924) também reflectiu sobre o facto artístico (especialmente a literatura), escrevendo, a esse respeito, que a «"arte pertence ao povo. Deve ter as suas raízes profundas na grande massa de trabalhadores. Deve ser por eles compreendida e amada. Deve ter as suas raízes e desenvolver-se de acordo com os seus sentimentos, os seus pensamentos e as suas aspirações"»[111].

Para Lenine, como para Plekhanov, a arte é um «"reflexo da realidade"», mas acrescenta que «os homens do Partido são os que possuem um papel de "autoconsciência" de Hegel, são os únicos detentores do método dialéctico no seu emprego exacto.»[112].

4.1.3. György Luckács

O filósofo húngaro György Luckács[113] (1885-1971) também tentou encontrar os caminhos de convergência das ideias de Marx na análise do fenómeno estético (e artístico). Este *teórico marxista* possui um sem número de livros publicados nesta esteira de pensamento metodológico e, de entre as inúmeras asserções teóricas, retenha-se a ideia, publicada na *Introdução a uma estética marxista*[114], que procura conciliar o marxismo com uma concepção estética que conseguisse libertar as artes das amarras que a prendiam apenas à teoria económica e política. Para este autor, o verdadeiro artista é aquele que consegue captar a integridade do homem na sua dimensão social e histórica, é aquele que consegue alcançar o individual em constante devir dialéctico. As grandes obras de arte devem reflectir a infra-estrutura económica de determinada época, mas em concomitância com as relações de

---

[111] *Apud*. Jean Luc Chalumeau, *As Teorias da Arte* ..., p. 109.

[112] Juan Plazaola, *Modelos y Teorias*..., p. 92.

[113] Um dos mais proeminentes pensadores do regime estalinista que se ocupou da crítica literária mas cujas ideias são aplicáveis ao terreno das artes plásticas. Neste contexto, Luckács foi um acérrimo defensor do realismo socialista, momento este que, para o autor, conduziu a história da arte ao seu momento mais brilhante (cf. Vicenç Furió, *Sociologia del Arte* ..., p. 46).

[114] G. Luckàcs, *Introdução a uma estética marxista. Sobre a particularidade como categoria da estética*, Rio de Janeiro, Ed. Civilização Brasileira, 1970.

produção, e com as restantes e tão amplas e imbricadas relações sociais coevas. A atitude do artista tem de ser particularmente progressista, e tem de conseguir representar o caminho inteiro da humanidade.

Por outro lado, a história da arte tem de fundamentar a nossa consciência histórica. Devemos conseguir entender as conjunturas do passado através do estudo das obras desses tempos específicos. É por todos estes motivos que, no estudo da história da arte, devemos reportar-nos sempre ao fenómeno capital da *luta entre as classes sociais*. A arte e a literatura são, para Luckács, uma mesma superestrutura que, por sua vez, é determinada pelas relações humanas de produção.

Por outro lado, Luckács defende uma certa autonomia da obra de arte, quando diz que ela deve ser uma *totalidade concluída* e uma *formação autónoma*[115].

O filósofo tentou encontrar paralelismos entre *certas estruturas literárias e determinadas estruturas de uma concepção de mundo* e, nesse sentido, difundiu, com grande veemência, que a arte é *um* reflexo da realidade. Para além desta máxima teórica, tão discutida no seio do *marxismo*, o autor ainda escreveu, em 1963 (*Estética*), que o sentido estético do homem e a génese da arte estão ligados ao trabalho.

4.1.4. Galvano della Volpe

O esteta italiano Galvano della Volpe (1895-1968) centrou-se na literatura, como tantos outros pensadores que analisaram o problema artístico, defendendo que a literatura é uma forma de conhecimento e de comunicação e que, por esse motivo, não pode conter ambiguidades. Este pensador dedicou-se, com especial cuidado, ao estudo dos movimentos de vanguarda. Esclareceu o autor que as vanguardas são movimentos que manifestam atitudes claramente antiacadémicas, e que pretendem criar novas formas e conteúdos. As vanguardas, para della Volpe, não se constituem como movimentos anti-capitalistas, mas fundam-se na sua cultura (ou na cultura do capitalismo), extensamente individualista e funcionalista.

---

[115] G. Luckàcs, *Introdução a uma estética marxista...*, p. 248.

Della Volpe defende a autonomia da arte, embora sempre apegada aos seus valores estéticos. Para della Volpe, importa atender à especificidade do formalismo artístico que leva a uma racionalidade concreta que importa valorizar, reabilitando assim a técnica artística como um valor específico que urge compreender-se.

4.1.5. Max Raphaël

Nas suas primeiras teorias de ensaio e de leitura das obras de arte, o filósofo e historiador Max Raphaël (1889-1952) debateu-se longamente com a dicotomia: metafísica (imaterialidade), *versus* materialismo. É que se a arte pode situar-se acima da materialidade, como poderá comprometer-se com a luta de classes?

Depois de uma passagem por um campo de concentração durante a Segunda Grande Guerra, Max Raphaël emigra para os EUA, onde redige o livro titulado *As questões da arte*, lugar onde acaba por rejeitar a sociologia da arte, entendendo-a como um material exterior à própria arte[116]. Mas ainda antes desse período de grande insatisfação teórica, o autor havia publicado o seu conhecido trabalho sobre pintura pré-histórica[117] onde escreveu que a «tarefa de uma história da arte consiste em demonstrar que essas formas precisas [...] têm necessariamente raízes económicas, sociais, políticas, morais e religiosas que se exprimem, representam e revelam através das formas; e que essas formas actuam, por sua vez, novamente sobre as suas raízes e contribuem, por conseguinte, para a sua transformação»[118].

4.1.6. Arnold Hauser

O já nosso conhecido historiador húngaro Arnold Hauser (1892-1978) desenvolveu um trabalho de grande *militância*, no contexto da abordagem social da arte, e que nos serve pelo facto de ter aberto os caminhos para a evolução da sociologia das artes. Estudou Literatura, História da Arte, Economia e Sociologia nas universidades de Budapeste, Viena, Berlim e Paris, e

---

[116] O autor havia publicado, antes disso, a obra sobre *Proudhon, Marx, Picasso, trois études sur la sociologie de l'art*, muito presa aos ditames do marxismo. Em 1934 publicou a sua *Teoria marxista do conhecimento*, publicada na Alemanha, livro este onde o autor apresenta aquilo a que Germain Bazin definiu como uma análise mais fina e consertada, que lhe valeu ter de arredar-se e de fugir ao regime nazi.

[117] Max Raphaël, *Prehistoric Cave Paintings*, Nova Iorque, Pantheon Books, 1945.

[118] *Apud.* Nicos Hadjinicolaou, *História da Arte...*, p. 79.

publicou um núcleo de obras que não podem deixar de rememorar-se, pela sua densa utilidade teórica[119].

Num magnífico resumo feito pelo próprio autor, que explora uma das suas teses na sua maior significação teórica, a *História Social da Arte* pretende demonstrar que a evolução artística se pauta sempre pela *transformação económica e social das civilizações*: «O triunfo do arcaísmo grego sobre o mundo homérico é tão impensável sem o triunfo da aristocracia sobre a monarquia feudal, como o é o desenvolvimento do rigorismo formal clássico ao helenismo naturalista e subjectivo sem a transformação da Polis e da economia patriarcal esclavagista numa economia universal e uma burguesia cosmopolita; impensável é a passagem do simbolismo medieval ao racionalismo artístico renascentista sem a transformação do mundo económico e político feudal numa ordem social urbana e burguesa; impensável é a passagem do maneirismo ao barroco sem o novo processo de *aristocratização*, sem a crise económica e social da época da Reforma, sem o nascimento do absolutismo; impensável é o triunfo do romantismo sem as conquistas da Revolução Francesa, sem o predomínio da burguesia e a libertação do indivíduo, sem o princípio da livre competência e a sua transposição da produção material à produção espiritual»[120].

Na sua obra capital *História Social da Arte e da Literatura*, publicada pela primeira vez 1951, o autor explica a evolução da história da arte sob o ponto de vista do materialismo histórico. Tratou-se de um momento importante no âmbito do desenvolvimento da história

---

[119] A obra deste autor é vastíssima, e tem sido sistematicamente traduzida e reeditada contando-se, entre as publicações mais incandescentes, aquelas que agora se recontam: *The Social History of Art*, University of Chicago Press, 1951 (traduzida e publicada em português pela Jornal do Foro em 1954-55, em dois volumes, com o título *História Social da Arte e da Cultura* e pela Editorial Veja, 1989); *The Philosophy of Art History*, London, Routledge & Kegan Paul LTD, 1959 (traduzida e publicada em português pela Presença, em 1973, 1978 e 1988, com o título *Teorias da Arte*); *Introdução à História da Arte*, Madrid, Guadarrama, 1961; *A Arte e a Sociedade*, Lisboa, Presença, 1973 e 1984; *História social da literatura e da Arte*, São Paulo, Mestre Jou, 1972 [e pela editora de Barcelona, Labor, em 1979, em 1980 (etc.)]; *História Social da Arte e da Literatura*, São Paulo, Martins Fontes, 1995 (obra que conheceu já múltiplas edições anteriores em vários países); *Maneirismo: A Crise da Renascença e a Origem da Arte Moderna*, São Paulo, Perspectiva, 1976; *Sociologia da Arte*, Madrid, Guadarrama, 1973 e *Sociologia da arte: sociologia do público*, Madrid, Guadarrama, 1977; *Sociologia da arte: arte e classes sociais*, Barcelona, Labor, 1983; *Fundamentos de la sociologia del arte*, Barcelona, Labor, 1982; *O conceito de Barroco*, Lisboa, Vega, 1997.

[120] Arnold Hauser, *Introducción a la historia del arte*, Madrid, 1961, pp. 348 e 349, com tradução nossa.

social da arte, mas também consubstancia um trabalho que foi alvo de severas críticas, pelo *determinismo* com que ali se explicaram determinados períodos da história da arte. De facto, o autor evoluiu, deixando-se crescer até publicar a sua *Arte e Sociedade*, em 1974, lugar onde defendeu que as relações entre a arte e a sociedade não são lineares, mas muitíssimo complexas, e que a arte não é um mero reflexo das condições materiais, deixando-se envolver e influenciar por múltiplos factores.

Um dos grandes problemas com o qual se debatem (ainda hoje) quase todos os historiadores da arte é, como já temos vindo a enunciar, o da metodologia a seguir na prossecução da investigação científica. Como devem cogitar-se os problemas em ambiente de meditação histórica? Quais são os recursos e que limitações possui o estudo da história da arte-ciência? Basicamente, Hauser tenta encontrar respostas para as perguntas que todos nos colocamos: por que motivo se alteram os caminhos do desenvolvimento artístico?, por que evoluem as formas de expressão artística?, por que coexistem *estilos* numa determinada época?, por que há rupturas e continuidades estilísticas mais ou menos súbitas, ou mais ou menos demoradas?, por que é que as mesmas causas sociais nem sempre produzem os mesmos efeitos estéticos?, por que é que determinada mudança estético-artística ocorreu naquele preciso momento histórico e não noutro mais ou menos semelhante?...

Neste contexto de interrogação metódica, quando se procuram explicações sobre a capacidade de evolução ou revolução artística, ou quando se procuram descobrir os caminhos de escrutínio analítico, Hauser aponta algumas hipóteses de trabalho: «Não se pode prever o ponto culminante de uma linha de desenvolvimento com base em critérios formais [... já que] a revolução ocorre quando um dado estilo já não consegue exprimir o espírito da época, algo que depende das condições psicológicas e sociológicas.»[121]. Para este pensador, as mudanças de estilo artístico ocorrem a partir de dentro, mas, e ainda assim, por que ocorrem elas em determinada direcção? De facto, não consegue determinar-se uma fórmula exacta e explicativa para esta derivação que também decorrerá do imprevisto. Mas de entre as tantas possibilidades, ou de entre as circunstâncias que regulam essa mudança, estão certamente as condições sociais, como intenso factor de fermentação. Todavia, não estão fora desse sistema

---

[121] Arnold Hauser, *Teorias da Arte* ..., p. 21.

de mutação, as condições psicológicas, estilísticas e sociológicas, através das quais transcorre, e se manifesta, a revolução artística.

Envolvido com esta problemática metodológica, Hauser escreveu que a natureza do processo histórico, que engloba a arte, permanece inalterável, e que o método sociológico é tão indispensável na história da arte como na história das demais criações espirituais da humanidade. Para este autor, em história é tudo realização dos indivíduos e, por isso mesmo, devemos achar o lugar definido, no tempo e no espaço, que cada indivíduo ocupa. O comportamento dos homens é o fruto das suas capacidades inatas, bem como da sua posição no mundo. E isto é, «de facto, o núcleo da concepção dialéctica dos acontecimentos históricos.»[122].

Para Hauser, o valor da arte é inextinguível. Aliás, todas e quaisquer criações do espírito e da inteligência da humanidade possuem valências insofismáveis, presas sempre à garantia de protecção das sociedades, e dos homens. A arte, a religião, a ciência, a filosofia e outras produções culturais, a par das tradições, das convenções e das instituições convenientes, organizam o tecido social e asseguram a sobrevivência do homem em sociedade (que assim também se sociabiliza). A arte é, para Hauser (entre outros investigadores) uma forma de comunicação que possui uma inteligência, uma linguagem e uma metodologia que lhe são próprias, e como forma de comunicação que é, estabelece-se como um fenómeno de grande compromisso com o *Outro*, e com as sociedades. O artista não trabalha apenas para se satisfazer, ou para saciar a sua necessidade de alcançar o belo, como um pária, ou como um alienado, e desvinculado do mundo. O artista é um homem comprometido, realizando um trabalho que possui *efeitos* no terreno social.

Neste sentido, para Hauser nem a *arte pela arte* (que costuma determinar-se quando o artista não quer representar o mundo, mas que trabalha por puro prazer desvinculado) consegue apartar-se de determinações de ordem prática. Para o autor, também a *arte pela arte* veicula mensagens, mas que são outras, ou com outra razão de ser, e aqueles que não

---

[122] Arnold Hauser, *Teorias da Arte*, Lisboa, Editorial Presença, 1988, p. 8.

acreditam na utilidade da *arte pela arte* estão a esquecer importantes parâmetros de funcionamento humano e de juízo, ou de conhecimento.

Para Hauser, a arte emparceira com a ciência[123] e com a religião, porque todas estas actividades procuram entender e superar os aspectos mais recônditos da realidade. O homem é dotado de razão, e por isso é dotado de curiosidade, e é naturalmente impelido a alterar, ou a dominar a natureza e o real. Neste processo, a arte também surge como um meio de possuir o mundo.

Não obstante o grado que estas alegações teóricas nos causam, não deve optar-se por um método sociológico quando passa a confundir-se a importância sociológica de uma obra, com os seus valores estéticos e de fruição, ou quando se pretende explicar-se o talento de um artista através das suas condições económicas e sociais. Muitas vezes, uma obra de arte garante-se sociologicamente mas, todavia, ela não possui um equivalente alcance artístico, já que as «mesmas condições sociais podem dar origem a obras de valor ou a obras completamente desprovidas de valor, e tais obras nada têm de comum a não ser tendências mais ou menos supérfluas sob o ponto de vista artístico.»[124]. Por outro lado, e do ponto de vista sociológico, um «artista de segunda ou terceira categoria pode ocupar uma posição-chave num determinado movimento artístico»[125], como facilmente se comprova através dos estudos de história da arte. Na tentativa de explicar-se convenientemente o que é uma obra de arte, e qual é a sua capacidade de evolução ao longo da história, têm de percorrer-se várias texturas interpretativas e, neste processo, é comum usar-se do recurso às abordagens de análise histórica, psicológica, formal, iconológica, estilística e sociológica.

O mesmo autor revolve, também em longos discursos, o problema da *função do artista na sociedade*. Neste sentido, Hauser afirma que o *artista cumpre*, no decorrer da sua produção,

---

[123] Embora a ciência seja mais universal, objectiva e autónoma do que a arte, ela não deixa de ter a sua origem em necessidades sociais (como a arte). A arte e a ciência possuem o mesmo *carácter mimético* mas se a ciência parte de um sujeito «incolor», a arte está ligada ao homem como homem, «ao indivíduo como um ser singular e diferente de todos os outros, devido á combinação inimitável das suas capacidades e tendências» (Arnold Hauser, *A Arte e a Sociedade* ..., p. 17)

[124] Arnold Hauser, *Teorias da Arte* ..., p. 15.

[125] Arnold Hauser, *Teorias da Arte* ..., p. 18.

uma obrigação social[126]. O papel do artista é dúplice, na medida em que cumpre um encargo de produção estética e de fruição, e na proporção correspondente, desempenha um *serviço comunitário*. E esta sua missão pode ser comissionada por um elemento social individual, ou por uma colectividade mas, todavia, a sua proveniência imiscui-se quase sempre com a incapacidade de execução por parte de quem se viu obrigado a encomendar, e também com a expectativa de um público que pretende entender-se na sua humanidade. O artista é um representante de grupos sociais que se exprimem através dele[127]. Hauser defende que o artista surge na medida da existência de um público, bem como na medida de um mercado de acolhimento e de emprego: «Assim como o homem se torna homem, porque preenche os requisitos sociais, também o artista se torna artista, quando estabelece contactos interpessoais.»[128]. Ainda assim, artistas há que fazem *concessões* ao público, popularizando-se gradualmente, ou produzindo aquilo que esperam que o receptor possa fruir, ou apreciar, ou entender. Podemos entender que, para este autor, o artista trabalha para a classe social que detém o monopólio artístico, ou seja, para aqueles que partilham da visão do mundo que a obra de arte refere e reflecte, porque se revêem naquelas produções, porque os critérios de gosto estão, de alguma forma, ajustados a determinadas representações estético-artísticas.

O artista, com as suas produções criativas, está ao serviço do indivíduo, ou do grupo de indivíduos que o consome e que o promove, para também continuar legitimamente a ser o que é, como grupo social, ou como *classe*. Por outro lado, o próprio artista reflecte a sociedade na qual se insere, porque é lá que mergulham as suas raízes (culturais) enquanto homem do, e para o mundo. Como o artista é, também, um produto da sociedade, pode e deve relacionar-se pacificamente com ela, adequando-se a ela, reiterando-a ou, por outro lado, pode rebelar-se contra ela, desmistificando-a, criticando-a, acometendo-a para a superar, ou não.

As obras de arte são, muitas vezes, agentes transformadores da mundividência. Influenciando ideias, sentimentos e atitudes, a obra de arte promove emoções (entre outras experiências mais relacionadas com o conhecimento) que podem ser altamente subtis, ou

---

[126] Ou, noutras palavras, o artista desempenha (e/ou desenvolve) um importante *serviço social*.

[127] Cf. Arnold Hauser, *Teorias da Arte*, ...

[128] Arnold Hauser, *A Arte e a Sociedade* ..., p. 92.

aceites em plena consciência por parte dos indivíduos que as recebem. Significativo é, «de qualquer modo, o facto de o efeito político e social de uma obra ser tanto mais forte, quanto menos ostensiva parecer a intenção, quanto menos fizer apelo à aceitação. Uma intenção nua, crua e directa provoca um distanciamento, levanta suspeitas e estimula a oposição, enquanto a ideologia latente e disfarçada, o opiáceo contrabandeado e o veneno secreto não recomendam qualquer cuidado e actuam sem se dar por isso.»[129].

Estas afirmações atestam alguns dos *efeitos secundários* provocados pelas obras de arte que, de *per se*, são o fruto de uma acção empenhada. A actividade artística é o resultado do exercício de um (ou mais) sujeito aplicado na sua função de agente sociocultural e político-social. Mais acrescenta o autor que é «de propaganda, de tese e de tendências que se trata na arte, quando o autor exprime a sua convicção política, de modo que ela não se destaque dos elementos estéticos da obra. Por seu lado, no conteúdo ideológico, os motivos ideológicos e políticos estão irremediavelmente ligados aos outros componentes da obra; a vontade universal, designada por ideologia, está completamente inserida na estrutura estética e inteiramente desligada, no seu todo, da criação artística.»[130]. Mas quando a obra de arte expressa uma determinada ideologia, ou uma determinada situação de classe, com os seus interesses particulares valorizados, fá-lo de forma sublimada, na grande maioria dos casos. E quando a obra de arte intenta ser revolucionária, nunca o consegue integrando os elementos de rebeldia de forma clara e directa, e na sua estrutura interior. Quando um artista expressa a sua, ou a ideologia de um grupo, de uma forma indirecta, actua com maior subtileza e engenho. As suas influências revolucionárias são maiores e mais correctas, porque defendidas de uma forma evasiva e discreta. Hauser aplica a esta técnica e a esta construção um nome: *ideologia meramente latente*. Trata-se de uma estrutura que não se esgota, e tem que conseguir encontrar um veículo formal que lhe corresponda, e tem de insinuar-se através de um subterfúgio tal que produza um efeito estético também ele conveniente. Este é o mecanismo artístico que possui uma valia acrescida, porque altamente fascinante e porque constitui um desafio de génio para conseguir vingar.

---

[129] Arnold Hauser, *A Arte e a Sociedade* ..., p. 93.

[130] Arnold Hauser, *A Arte e a Sociedade* ..., p. 93.

Hauser admite que só uma sociedade cujos poderes se vêem ameaçados carece de uma estrutura de propaganda artística, de forma a influenciar capazmente a opinião pública que convém congregar. Neste passo, o autor deixa um apontamento de análise crítica sobre o pensamento marxista quando refere que: «Foi o marxismo que entreviu o partidarismo inevitável da arte, e que levou ao reconhecimento do facto de também uma aparente indiferença e passividade da arte conduzem a uma tomada de posição em face da realidade, exprimindo nomeadamente a concordância muda do artista com as atitudes existentes. O partidarismo da arte vem da sua natureza quase sempre social. Fala sempre por alguém, para alguém, e reflecte a sociedade, vista de uma posição social e para ser recebida por uma posição social do mesmo tipo.»[131].

Regra geral, o artista participa da ideologia do grupo que constitui o seu protectorado ou a sua clientela, mesmo que não partilhe conscientemente das particularidades, ou das determinações ideológicas desse agregado. Se o artista se opuser deliberadamente à ideologia dominante está, sem querer, a fazer-lhe menção e a divulgá-la, imiscuindo-se naturalmente com ela, mas de outra forma (pela negativa).

Mas a arte não pode legitimar-se apenas através da sua constante intromissão no quotidiano, porque se apoia igualmente nos propósitos da persuasão, para além dos reconhecidos propósitos da representação. A arte, para além de expressar, também solicita, também provoca, evoca, subjuga, denuncia e, por vezes, também agride.

Segundo Hauser, o dealbar do Iluminismo concorreu com a assunção da independência profissional do artista, entendido agora como pertencente a uma classe autónoma, muito embora tenham surgido, ao longo da historiografia artística, vários *episódios de libertação* e de

---

[131] Arnold Hauser, *A Arte e a Sociedade* ..., p. 95. Neste capítulo, importa ainda recordar que a arte não pode, e nem deve, corresponder apenas ao seu pretexto de criação, ou de recriação dos efeitos de beleza. O fenómeno artístico relaciona-se também com o belo horrível, ela pode relacionar-se com a abominação e com o desdém, com a exposição do desconforme, com realizações imperfeitas, com a desregra e com a forma maldita. A arte provoca prazer ou desprazer, e não é por repudiarmos determinada peça que devemos recriminá-la quanto à sua garantia artística. Não existe arte quando tudo nos passa despercebido, quando nada nos retém a retina e o entendimento, quando essa ausência nos faz sentir menos humanos. Para ser arte, ela tem de possuir uma qualquer consequência, tem de produzir um efeito mais ou menos imediato, mas que não deve relacionar-se apenas com o prazer, mas também com o nosso horizonte de expectativas, com a nossa capacidade de alteração e de devir, com a nossa possibilidade de crescer e de compreender o mundo, o tempo e os homens, tem de relacionar-se com a capacidade de provocar, de dizer, mesmo que inconfessadamente, mesmo que sublimadamente...

desapego à carga corporativista e aos ditames da encomenda (durante o Renascimento e depois, com a rebelião maneirista[132]). A partir do Iluminismo, operou-se outra mutação, cumulada a uma *mais-valia* relacionada com o papel do artista na sociedade: ele capacitou-se eficazmente do seu alcance como elemento interventor e como recurso indispensável na protecção das classes sociais mais desfavorecidas (como o operariado) ou, de uma forma geral, da numerosa classe assalariada de fracos recursos políticos e económicos. Para Hauser, o facto de muitos artistas terem *tomado as dores* das classes desprotegidas ficou a dever-se a um fenómeno cultural encabeçado por determinados núcleos intelectuais, marcadamente socialistas. A consciência social da classe proletária foi uma construção intelectual, não foi, de facto, uma tomada de consciência do próprio operariado. Lenine «concordou que o proletariado não era capaz de desenvolver uma consciência realmente socialista, sendo, quando muito, capaz de pensar ao nível do movimento sindicalista, admitindo [...] que a sua libertação não teria sido possível sem a presença dos seus contemporâneos das classes mais ricas e cultas.»[133]. Ainda assim, as teorias desenvolvidas por estes intelectuais nuca teriam ocorrido, caso não tivessem surgido sem os novos modos de produção que originaram a existência do proletariado industrial, com todos os problemas e preocupações decorrentes.

Como nos é dado a verificar, Arnold Hauser constituiu-se como um pensador íntegro e prolixo que, com as suas ideias, contribuiu para o relançamento de uma vasta problemática que, posta em prática, colocou novos problemas teóricos, intentando sempre, e todavia, encontrar respostas.

4.1.7. Pierre Francastel

Neste contexto de inventariação sumária de alguns autores e tendências teóricas no âmbito do desenvolvimento da sociologia da arte devemos reservar um lugar especial ao

---

[132] Cf. Vitor Serrão, *O Maneirismo e o estatuto social dos pintores portugueses*, Lisboa, Imprensa Nacional-Casa da Moeda, 1983.

[133] Arnold Hauser, *A Arte e a Sociedade* ..., p. 104. A ideia de um significado social emanado das produções artísticas não se estima ter surgido apenas após o materialismo histórico de Marx. Desde sempre, o homem reconheceu na arte esta capacidade de (des)afinação ideológica e social, se bem que não dispunha ainda dos mecanismos conceptuais que lhe permitissem sistematizar essas ideias. Cada momento artístico é, de facto, tanto o reflexo, como também uma causa para uma mutação ideológica e social. Estas duas vertentes de influência consideram-se achegadas, concertadas e imbricadas no processo de criação artística que não é, nem pode ser, uma actividade sem uma finalidade mais ou menos entendível, ou perceptível.

Professor Pierre Francastel (1900-1970), que desde 1948 ocupou a cátedra de Sociologia na École dês Hautes Études de Paris[134].

Francastel defendeu, como tantos outros pensadores, que a arte possui uma linguagem própria, aconselhando os seus alunos a fazerem o estudo *partindo das obras* de arte *para o seu contexto social*. Tratou-se, pois, de estabelecer o caminho inverso relativamente às análises empreendidas até então, e que partiam dos estudos sociais para as manifestações artísticas.

Para este autor, o problema da arte reside precisamente no facto de reflectir um determinado esquema de pensamento, e de usar de uma forma específica de linguagem (a linguagem figurativa, plástica, musical, monumental, decorativa, etc.) que não pode traduzir-se (ou reduzir-se) integralmente para a linguagem verbal tradicional, ou aquilo que o autor determina como o *veículo língua*. Isto é, por mais que pretendamos transferir as significações das obras de forma verbalizada, nunca o conseguimos fazer inteiramente, porque não há correlações, ponto por ponto, entre estas duas formas de linguagem[135]. Por este motivo foi a arte desconsiderada por tantos pensadores.

Entender a arte como uma realidade específica, ou como uma coisa em si, com significante e significada, é atribuir-lhe o estatuto que ela merece no seio das especulações dela se têm vindo a afastar. Ou seja, Francastel insistiu no carácter específico e autónomo da obra de arte relativamente a outras propostas intelectuais e criativas do Homem[136]. É que existe, de facto, e como também defendeu Hauser, um *pensamento literário*, um *pensamento plástico*, tal

---

[134] De entre as suas publicações fundamentais, destacam-se a *Arte e técnica nos séculos XIX e XX*; a *Pintura e Sociedade*, publicada em Madrid pelas Edições Cátedra, em 1964 (e reimpressa pela Martins Fontes, São Paulo, em 1990); *A realidade figurativa. Elementos estruturais de Sociologia da Arte*, Buenos Aires, 1970; *Sociologia da Arte*, Alianza Forma, 1975, textos sempre comprometidos com teorias explicativas de matriz materialista.

[135] Esta ideia é desenvolvida pelo autor no artigo (entre outros) de 1961, sob o título «Arte e História: Dimensão e Medida das Civilizações», republicado na colectânea titulada *A Realidade Figurativa*, editada pela primeira vez em 1965, e reeditada com trad. Mary Amazonas Leite de Barros, S.P., Brasil, Ed. Perspectiva, em 1993. Neste texto (pp. 67 e 68), defende o autor que serão «necessárias muitas obras apoiadas em exemplos para demonstrar a todos que as obras de arte constituem factos positivos de civilização com o mesmo peso que as instituições políticas ou sociais e que a função figurativa é uma categoria do pensamento tão completa como outras e tão susceptível de levar à elaboração directa a partir do percebido de outras que possuem sua realidade e sentido, sua lógica de estrutura, sem necessidade de transferência e relacionamento com sistemas verbais.».

[136] Cf. Pierre Francastel, *A Realidade Figurativa*, … .

como existe um *pensamento matemático, político ou moral*. A missão do historiador da arte deve ser, para além de tantas outras, a reconstrução, através de um conjunto de obras, dos *sistemas figurativos característicos de um meio e de uma época determinada*, e o reconhecimento de um pensamento estético que é pertença do homem desde a sua formação como ser humano íntegro. É tão vão querer encontrar na arte o reflexo total de uma civilização, como pretender desconhecer esse reflexo, ou reduzi-lo a um modo de expressão condicionado pelas atitudes e pelas formas de representação característicos de uma época.

Francastel tentou demonstrar que a sociologia da arte consubstancia uma área de conhecimento indispensável para a descoberta do homem, não só através da indagação sobre as criações artísticas, mas introduzindo-se no seio das produções reais que leva a cabo, bem como no reconhecimento da posição do homem no universo.

O autor situou-se entre a história social da arte e a sociologia da arte, incorporando, depois dos anos sessenta do séc. XX, as ideias oriundas da semiótica e do estruturalismo[137]. Importa saber como funcionam os esquemas de pensamento humano porque eles determinam as produções da humanidade, tal como condicionam os comportamentos e a evolução das sociedades, regularizadas também pelo fluir das conjunturas. O pensamento plástico é, para Francastel, um dos modos pelos quais o homem informa e representa o universo e a vida. E as obras de arte dão ao historiador, bem como ao sociólogo, elementos informativos que de outra maneira nunca conseguiriam obter-se. A arte deve ler-se, para este autor, na relação que mantém com as demais actividades humanas, e o artista tem de entender-se como um sujeito que tem de constituir-se como um alvo de investigação.

Em suma, para o autor a arte diz-nos mais sobre os modos de pensamento de um grupo social do que sobre os acontecimentos, e sobre o quadro material da vida de um artista no seu meio ambiente. De facto, a obra de arte reside no imaginário[138].

---

[137] Cf. Pierre Francastel, *A Realidade Figurativa*, trad. Mary Amazonas Leite de Barros, S.P., Brasil, Ed. Perspectiva, 1993. Neste livro, o autor define o que entende ser a *Forma*, por oposição ao conceito de *Forma* difundido por Wölfflin e por Henry Focillon, definindo-a como uma *estrutura*, ao invés de tratar-se de um simples objecto singular. Isto porque a *Forma* consiste, para o autor na «descoberta de um Esquema de pensamento imaginário a partir do qual os artistas organizam diferentes matérias. Confundiu-se a Forma com as formas.» (Idem, *Ibid.*, p. 10).

[138] Cf. Pierre Francastel, *A Realidade Figurativa* ... .

76

No seu livro *Pintura e Sociedade*, publicado pela primeira vez em 1951, o autor revela-nos algumas das suas (tantas) inquietações. Encarando ele «a perspectiva e a representação do espaço como a manifestação concreta de um estágio específico da civilização», foi «levado» a interrogar-se sobre «se a sorte do sistema plástico elaborado pelo Quattrocento não estava também ligada tanto ao declínio de uma determinada forma material e intelectual da actividade dos homens, quanto ao seu aparecimento. Dessa forma» escreve o autor, «fui levado a conceber uma demonstração por partidas dobradas: nascimento e declínio de um espaço plástico ligados ao nascimento e ao declínio de um estágio de civilização.»[139]. Tratou-se de um trabalho meritório, esquematizado desta forma, e que abriu caminhos de investigação a temas, e a relações entre temas, nunca até então posto ao corrente.

A maioria dos autores qualificou o trabalho do historiador de arte Pierre Francastel como o de um *formalista*[140] mas, todavia, ele é reconhecido (também por nós) como um autor que impulsionou grandemente a sociologia da arte. A leitura de síntese que Germain Bazin faz da obra de Francastel sugere que, para este autor, urge «arrancar a arte [ao] sistema estéril de gozo elitista. A arte é muito séria para ser reduzida a um simples deleite dos homens de bom gosto, enquanto é uma formação social que envolve ao mesmo tempo pensamento e acção humana. No mundo de Francastel, portanto, é proibido admirar [...].»[141]. Discordamos desta crítica radical que Bazin faz ao nosso autor, porque entendemos que Francastel concebia as obras de arte na sua ampla valorização, entendendo-as como criações, ou como invenções do artista enquanto sujeito que inventa e que cria, (claro que) através da Forma, todo um sistema de valores que importa reter, interpretar e valorizar, também, e na medida em que elas detêm uma forte ligação com as demais actividades humanas. No entanto, sabemos que Francastel acredita que a arte é uma actividade figurativa, mais do que expressiva[142], porque ela cumpre a

---

[139] Cf. Pierre Francastel, *Pintura e Sociedade*, trad. Luís Eduardo de Lima Brandão, São Paulo, Martins Fontes, 1990.

[140] Aliás, praticamente todos os estudiosos de matriz materialista foram sendo qualificados como formalistas e Francastel não foi arredado desta qualificação.

[141] Germain Bazin, *História da História da Arte...*, p. 283. Como sabemos, o fenómeno artístico possui duas faces que se unem numa só, pois que arte é uma manifestação que provoca deleite nos sujeitos que a admiram, possibilitando auferir-se uma experiência de fruição estética e, por outro lado, trata-se de uma expressão empenhada com as conjunturas.

[142] Escreve o autor (— *A Realidade Figurativa*, ...) que pensar, ou figurar, não é transcrever ou exprimir, mas integrar dentro de um sistema, os elementos cuja justaposição cria novos objectos susceptíveis de reconhecimento, de

missão de informar sobre o mundo, e sobre o real. Tanto a arte, como a ciência, oferecem visões do mundo e caracterizam-no.

Francastel escreveu, em 1965, que pretendia comprovar que «o conhecimento das formas de Arte fornece elementos de informação necessários àqueles que querem conhecer uma época e que não se contentam em pensar que o gosto muda a cada trinta anos superficialmente em função das outras actividades humanas.». Acrescentando que o artista «cria [...] objectos para permitir à sociedade tomar consciência dela mesma e comunicar a outras as suas hipóteses.»[143].

Nicos Hadjinicolaou[144] também recordou uma outra obra de Francastel, titulada *Problemas da Sociologia da Arte*, (escrito em 1960, mas editado depois) que serve como um garante do empenhamento sociológico promovido por aquele autor, citando-o, aquando da tentativa de Francastel em definir da valia e do objecto da sociologia da arte: «A sociologia das artes apresentar-se-á como uma problemática que procura precisar, no concreto, quer os problemas que dizem respeito à especificidade das técnicas [...] quer aqueles que atingem os mecanismos de uma actividade mental concebida como um meio original de expressão, inassimilável à linguagem falada bem como a todos os outros modos de intelectualização dos fenómenos. Ela será essencialmente uma problemática do imaginário, pretenderá definir as estruturas originais do objecto bem como as relações do objecto figurativo com os outros produtos da técnica e da imaginação. Ela debater-se-á, numa palavra, com os múltiplos problemas de inserção de uma categoria bem delimitada de factos que possuem uma realidade objectiva no conjunto das actividades cuja complementaridade e intricação permanente define esses corpos em movimento perpétuo que são as sociedades.»[145]. Trata-se de uma referência

---

conexão e de interpretação. O «estudo simultâneo dos elementos e das estruturas da obra funda assim, necessariamente, uma Sociologia da Arte, uma vez que o diálogo do artista com a obra implica a participação do espectador e uma vez que os elementos do objecto figurativo não existem apenas na consciência e na memória do criador mas de todos aqueles, presentes ou afastados no tempo e no espaço, que, tornando-se usuários desse objecto, lhe conferem definitivamente sua única realidade.» (Idem, *Ibid.*, p. 17)

[143] Pierre Francastel, *A Realidade Figurativa*, ..., p. 16.

[144] Nicos Hadjinicolaou, *História da Arte...*, p. 63 e 64.

[145] Trata-se do texto «Preblèmes de la sociologie de l'art», in *Tratado de Sociologia*, P.U.F., 1968, pp. 280 e 281 (em edição anterior, de 1963, a p. 330).

justa à obra deste autor que apela ao estudo relacional de todas as actividades humanas com a arte, e de todas as dimensões da própria arte segundo prismas sociológicos, novamente em formatos relacionais: a arte e o público, os mecenas e artesãos, a arte e as técnicas, a arte e a linguagem, a arte e os grupos, temas e símbolos sociais, formas e sociedades, etc.

Giulio Carlo Argan acrescentou que Pierre Francastel desenvolveu a pesquisa sociológica, investigando a relação existente entre a representação espacial e a cultura da imagem, ou a experiência (e exigência) visual da sociedade do seu tempo, propondo o *estudo do trabalho artístico como uma actividade interventora*: «Partindo da premissa de que a arte pertence a uma "superestrutura" cujos movimentos são determinados pelos da estrutura, o método sociológico aplica à arte procedimentos de análise semelhantes aos do estudo da economia, ou seja, indicando no consumo o factor determinante da produção. Também as atitudes anticonformistas [...] dos artistas perante a sociedade do seu tempo são interpretadas como aspectos da dialéctica interna do sistema, que o próprio sistema tem interesse em tolerar e encorajar. Por outro lado, a crítica de linha sociológica não mostrou até agora nenhum desejo de mudar os parâmetros de juízo e os critérios de valor; e com poucas excepções [...], continuou a partir do princípio de que a tarefa o artista é representar, em vez de intervir e agir no decurso das situações. Os campos que mais se prestavam a uma pesquisa sociológica permaneceram quase inexplorados: a relação entre o trabalho artístico e produção económica, entre as técnicas artísticas e as tecnologias produtivas, as artes aplicadas e industriais, a arte popular, etc. [...].»[146].

É importante ressaltar a ideia que defende ser o *artista um agente de intervenção social,* ou quando se entende que *o artista também presta um serviço crítico e de rebelião contra a sociedade do seu tempo.* Esta matriz interventora e insurrecta não pode olvidar-se do estudo de âmbito sociológico porque o artista é, de facto, um agente produtor de cultura, de leis e de conhecimento, possuindo esse *dom de missão* e de empenhamento, ora contra, ora a favor da sociedade enquanto tal, e sempre numa visão macroestrutural. O anticonformismo e a rebelião do artista em relação à encomenda em determinados períodos da história da arte, ou

---

[146] Giulio Carlo Argan, *Arte e Crítica de Arte,* trad. Helena Gubernatis, Lisboa, Editorial Estampa, 1988, pp. 154 e 155.

em relação às classes dominantes noutros momentos, ou ao Estado, à ordem dos acontecimentos, à estrutura política, económica e social, têm de incluir-se como parâmetros de acolhimento analítico pela sociologia da arte porque, conforme escreveu Hauser: «A oposição, a indignação e o afastamento são comportamentos eminentemente sociais, que têm a sua origem em motivos ideológicos.»[147].

Pierre Francastel também alertou para o facto da sociologia da arte não poder tocar somente nas relações, que de facto existem, entre algumas disciplinas intelectuais mais ou menos vizinhas, mas deve conduzir ao problema geral da situação do artista na sociedade. A arte, para o autor, não diz respeito apenas ao domínio das satisfações fáceis e imaginárias, mas ela informa-nos sobre actividades fundamentais (vejam-se a arquitectura, as artes figurativas que preenchem uma função «permanente e coercitiva que age mesmo sobre aqueles que mais as ignoram»[148]).

Quando Francastel escreveu sobre a *Arte e Sociologia*, explicou que: «Sociologicamente falando, pode-se pois considerar essencial, ora o estudo do meio produtor da obra de arte, ora o estudo dos destinatários da mensagem.». Porque se toda a sociedade é formada grupos, e se o objectivo da sociologia é o estudo das relações entre esses grupos e seus participantes, então o objectivo da sociologia da arte é apreender as realidades temporárias (dir-se-ia o facto?) ou, se se quiser, as realidades históricas[149]. É que as condições de vida, de inspiração e de formação dos homens, e, particularmente, dos artistas, transformam-se continuamente com o tempo, fornecendo material de informação precioso ao sociólogo[150].

Relativamente ao público, deve a sociologia da arte, para este nosso autor, estudar os grupos sociais caracterizáveis como os usufrutuários (ou os usuários) da arte, porque também

---

[147] Arnold Hauser, *A Arte e a Sociedade* ..., p. 45.

[148] Pierre Francastel, *A Realidade Figurativa*, ..., p. 3.

[149] Pierre Francastel, *A Realidade Figurativa*, ..., p. 21.

[150] Francastel escreveu (— *A Realidade Figurativa*, ..., pp. 24 e 25) que: «Tal estudo supõe, primeiramente, a elaboração de uma espécie de atlas onde se encontrassem fixos, de geração para geração, os centros vivos onde se elaborou a arte. O número dos focos criadores não é, de resto, jamais considerável. [...] Através da história dos focos criadores abordaremos facilmente a história de um tipo social: o do artista. Quais foram sua condição, suas origens, seu lugar na sociedade? A investigação só está esboçada para curtos períodos, ao passo que seria interessante fazer a história geral dessa "espécie social" relativamente muito bem delimitada.».

eles abrem valiosas perspectivas. Os mecenas, ou os aficionados permitem a existência dos artistas relacionando-se intimamente com eles. Mas, e ainda assim, ao longo da história nem sempre os artistas conviveram amenamente com os seus patronos, rebelando-se muitas vezes contra os seus ditames, ou normas produtivas. São incontáveis as querelas, ou os desacordos intelectuais, entre artistas e mecenas e a obra conservará sempre um resquício desses debates que são o fruto da luta de interesses, e dos gradientes culturais.

Explicativamente, Francastel escreveu que todas as sociedades que se formam guiam-se por modelos abstractos. São «os escritores e os artistas que exprimem e difundem os traços materiais desse modelo. Pesam assim, com um peso amiúde decisivo, sobre o futuro mesmo material das sociedades. Esse modelo é, sem dúvida, frequentemente imposto por pressões económicas: os artistas orientam a despesa e o luxo dos seus contemporâneos»[151].

São estas premissas de mestre que garantiram, e continuam a garantir, um possível futuro exultante para a historiografia artística, bem como para a sociologia das artes.

4.1.8. Frederick Antal

O húngaro Frederick Antal (1887-1954) foi um eruditíssimo historiador da Arte que, apesar de conceituar firmemente o socialismo, conseguiu moderar a sua metodologia de abordagem, criando assim um novo modelo marxista com uma textura mais adaptada às exigências de uma história da arte científica. As suas preocupações com a relação mantida entre a arte e o tecido social de suporte são o reflexo de um estudo profundo da escola formalista de Wölfflin, da superação culturalista de Dvoràk, da escola iconológica de Warburg, e da sociológica de von Martin, que explicam a evolução artística com um acentuado paralelismo relativamente às transfigurações evolutivas da burguesia. Como síntese em sistema contundente, Antal acrescenta a sua proposta metodológica aplicada ao estudo da História da arte[152].

---

[151] Pierre Francastel, *A Realidade Figurativa*, …, p. 40.

[152] A síntese proposta pelo autor publicou-se com o título original *Bemerkungen zur Methode der Kunstgesichte*, ou *Observações acerca da metodologia da história do gosto* (numa tradução feita de uma forma mais ou menos literal), em 1949.

Frederick Antal ultrapassa e critica o *formalismo* da escola iniciada por Wölfflin, quando atesta que uso exclusivo desta metodologia atrasa os trabalhos da história da arte como ciência.

Para Antal, importa sobremaneira o estudo consertado da história, como enfoque globalizante e que possibilita partir noutros sentidos, ou para outras matrizes de laboração teórica, como é o caso da história da arte. No âmbito da história da arte, importa estudar a fundo os propósitos que levaram à criação e, neste sentido, Antal procurou, como ninguém antes dele tinha alcançado com tanta fortuna, as relações mantidas entre o artista e o encomendante, entre o artista e o seu solo social, político, religioso, filosófico, económico e outras conjunturas que dão forma, e conteúdo, aos trabalhos artísticos que se foram concebendo ao longo da história. Os conceitos românticos de *arte pela arte* e de *criação espontânea* são, por isso mesmo, recusados como conjecturas sobre a criação artística e da sua análise explicativa.

Para o autor, mais importante do que a obra de arte em si é o que está por detrás dela, nos bastidores da encomenda, e nos bastidores de vida do próprio artista, com todas as conveniências de substrato envolvente. As obras de arte valem enquanto testemunhos de uma clientela específica, com determinadas garantias e empenhamentos políticos, sociais, culturais e económicos. A arte é perfeitamente testemunhal e é também uma referência programática, sendo que não decorre de preocupações hedonistas, desapegadas e românticas.

Em 1941, Antal redige o artigo *Comentários sobre o método da história da arte* (texto publicado em 1966, e depois em 1978, no volume dedicado ao *Classicismo e Romantismo*[153]), lugar onde defendeu que o contexto social em que as obras de arte são produzidas não devia implicar desatender aos seus valores formais, explicando que o reconhecimento da importância do desenvolvimento social e dos diferentes tipos de abordagens para compreender a diversidade de estilos e a sua evolução não deve acarretar, muito naturalmente, uma subestimação dos valores formais, nem impede que desfrutemos da sua qualidade, e nem

---

[153] Frederick Antal, *Classicismo y Romanticismo*, Madrid, Alberto Corazón, 1978.

implica que se tenha perdido o valor dos resultados já obtidos pela literatura e pela história da arte, com a utilização de análises formais[154].

A arte (e no caso concreto estudado pelo autor, a arte florentina dos séculos XIV e XV) não é o reflexo de uma ideologia que pertencente ao artista enquanto indivíduo singular, mas antes daquela que pertence à clientela que o suporta economicamente, e que lhe garante a devida prossecução dos trabalhos. A obra de arte não é filha única do artista mas, antes de tudo, de um compromisso amplo que parte do próprio encomendante que, por não ter mão engenhosa se projecta, em contrato de fabricação. O artista é, neste contexto, uma entidade assumidamente trans-individual.

No seu afamado estudo sobre a arte florentina durante os séculos XIV e XV, titulado como *Florentine Paiting and its Social Beckground. The Bourgeois Republic before Cosimo of Medici's Advent to Power: XIV and early XV centuries*, publicado pela primeira vez em inglês durante 1947[155], Antal assegurou que a moderna pintura florentina é a plasmação material e ideológica dos grandes produtores e comerciantes de lã que desempenharam, durante a época estudada, um importante papel enquanto agentes de um processo capitalista crescente, e porque foram eles a maior fonte de sustento do emergente mercado das obras de arte de antanho.

O sumário do volume dedicado à pintura florentina entre os séculos XIV e XV é altamente elucidativo e introduz-nos directamente na metodologia antaliana senão vejamos, muito rapidamente, os conteúdos da primeira parte do trabalho, intitulada: *Os fundamentos. Século XIV e princípios do XV*. Nesta parte do estudo reflecte-se, num primeiro capítulo, sobre a história económica, social e política, onde são analisados o comércio, a indústria, os banqueiros na sua relação com o papado e com os príncipes. Estuda-se a classe média gremial (aliás, a importantíssima questão da organização do trabalho gremial é altamente debatida neste texto), que se vai opondo, paulatinamente, à nobreza tradicional. Explica-se que, e como a alta classe

---

[154] *Apud*. Vincenç Furió, *Sociología del Arte* ..., p. 56.

[155] Depois desta edição, a obra monumental conheceu outras, como a madrilena, na colecção «Historia de la Cultura», da Editorial Guadarrama, em 1963; e ainda pela madrilena Alianza Forma, em 1989: *El mundo florentino y su ambiente social. La república burguesa anterior a Cosme de Médicis: siglo XIV-XV*, trad. Juan Antonio Gaya Nuño (edição que nos serve de suporte).

média engrossa os grémios mais favorecidos, e que a baixa classe média está associada nos seus grémios mais desfavorecidos. Debatem-se os conflitos e os contrastes sociais do momento em causa, bem como as alterações governamentais ocorridas, a nova supremacia da baixa classe média e a sua ulterior derrota, o governo consequente da alta classe média, a situação da economia geral, os costumes sociais da alta classe média, etc..

No segundo capítulo, Antal procura as *ideias políticas, económicas e sociais de suporte ao meio*, naquela conjuntura epocal determinada, tendo sempre como pano de fundo os princípios progressistas veiculados por Tomás de Aquino, bem como os de outros padres dominicanos e franciscanos que, na época, favoreceram a actividade mercantil. Discutem-se, neste capítulo, as relações mantidas entre o Estado e a Igreja, a melhor forma de governo, o poder político dos *pauci divites* (poucos opulentos e bons cidadãos), o regresso ao Direito Romano tipicamente burguês, os tratados económicos de nomeados membros das altas classes médias, a influência do pensamento humanista de Petrarca (como um grande fervoroso e adepto de uma Itália unida, independente e livre, muito embora se mostrasse adepto de um certo tipo de tirania anti-burguesa), neste contexto socioeconómico, as ideias de Bocaccio (célebre inimigo das tiranias e pro-burguês), de Leonardo Bruni (o mais equilibrado dos pensadores de então, democrático e libertário, defensor da igualdade incondicional de todos os homens perante a lei, defensor da vida activa e para quem a história não podia ser fruto da Providência Divina, como era comum pensar-se).

No terceiro capítulo, o autor realizou uma história do sentimento religioso, situando as diferentes classes sociais nos seus domínios e tendências sagradas e piedosas, o surgimento das seitas religiosas medievais e seus apoiantes, bem como as suas consequências, a influência das grandes ordens mendicantes, os franciscanos (oponentes, num princípio, da Igreja oficial e tendencialmente menos inflexíveis), e os dominicanos (mais de acordo com a Igreja oficial e denotando outra flexibilidade relativamente à burguesia financeira), a teologia racionalista de S. Tomás de Aquino, etc.. No quarto capítulo, o autor procura entender a atitude das diferentes classes sociais face à filosofia, à literatura e à erudição.

É só na segunda parte deste magnífico ensaio que se estuda a arte do século XIV, com uma abertura de panorâmica geral que também nos introduz no estudo das encomendas, e depois com um exame da arquitectura, da pintura (sagrada e profana) e da escultura com os seus desenvolvimento estilísticos, iconológicos, simbólicos e alegóricos. A rematar o capítulo, Antal explica a posição social dos artistas. A terceira parte do trabalho respeita esta mesma organização, mas para a arte do século XV.

Trata-se, como é facilmente perceptível, de um trabalho que parte da história geral para a história da arte, ou do estudo fecundo da sociedade, para as obras de arte, e das obras de arte para o artista com seu estatuto social determinado. Consideram-se as problemáticas relacionadas com os *salários dos artistas*, com as *agremiações de protecção* de grupos laborais, com o *comércio galopante*, o *capitalismo moderno nascente, a política em transformação, as rivalidades religiosas,* entre outras questões de âmbito abrangente que, de facto, dão corpo às obras de arte que assim se enformam.

A arte é, então, tratada como o resultado de todos estes enfoques sociais, económicos, culturais, religiosos e políticos na sua especificidade e na sua globalidade. Conforme as palavras do autor, escritas na *Introdução* à obra sobre a pintura florentina nos séculos XIV e XV, a intenção de tese metodológica resume-se da seguinte forma: «Algunos de los hechos relacionados con el desarrollo ideológico y económico o con las condiciones sociales y políticas pueden a primera vista parecer un tanto desconectados con al historia del arte, incluso con una tan heterodoxa como ésta, y aunque de tales hechos no puedan estraerse conclusiones directas, no estaría dispuesto a omitirlos, pues son precisamente esos detalles los que a menudo alumbran con mayor claridad la maraña de hechos o de ideas con que tenemos que enfrentarnos, capacitándonos para estabelecer un cuadro realista, lejos de todo romanticismo, del mundo del Renascimiento, para comprender mejor su concepto de la vida y así apreciar más plenamente su arte.»[156].

As metodologias mais actuais, usadas pela História da arte, vieram corroborar a tese de Antal, ou a necessidade de demanda ininterrupta dos *conceitos de vida que se descrevem nos factos artísticos,* uma vez que os conteúdos das obras de arte provêem desta relação directa

---

[156] Frederick Antal, *El mundo florentino y su ambiente social. La república burguesa anterior a Cosme de Médicis: siglo XIV-XV,* trad. castelhana Juan Antonio Gaya Nuño, Madrid, Alianza Forma Editorial, 1989, p. 21.

existente entre o mundo, os indivíduos e a criação. A obra de arte desgarrada do seu contexto macro-conjuntural perece à míngua de significados.

Na razão do concubinato frutífero entre o artista e a sua clientela, Antal explica que: «Dado que el arte del período que nos ocupa expresa principalmente el ambiente de sus patrocinadores, hemos dado mayor importancia a esto que a los puntos de vista del artista, generalmente inferior a sus protectores en la escala social. De acuerdo con ello, he intentado explicar algunas particularidades de los encargos individuales, que caracterizan tanto a los que los proponen como a los artistas que los aceptan.»[157].

Frederick Antal não fez uso, no decurso das suas propostas de trabalho, de um vocabulário intensamente marxista, mas conseguiu analisar o fenómeno artístico como o fruto de uma clientela que determina, através da encomenda, os valores plásticos que se definem com empenhamento conjuntural. Esta foi, de resto, uma ideia que gerou uma fortuna teórica inabalável.

4.1.9. Nicos Hadjinicolaou

Outro grande ensaísta comprometido com a sociologia da arte é o historiador Nicos Hadjinicolaou (1938-), autor que concebeu outras propostas nesta atmosfera particular de pensamento. Na sua obra titulada como *História da Arte e os Movimentos Sociais*, publicada em Portugal pelas Edições 70, segundo uma tradução de António José Massano[158], o autor defende a existência de uma *ideologia imagética* (conceito equiparável à noção de "estilo") que importa analisar antes de qualquer outra decomposição.

Logo na *Introdução* do seu texto, o autor adverte que o ensaio redigido «consagra-se ao estudo das variantes da ideologia burguesa da "arte" na medida em que elas constituíram, na prática, a disciplina comummente designada por história da arte.». Trata-se de uma frase altamente polémica (e de acordo com a advertência do autor, que aplica a este seu texto uma intenção de *programa teórico*), e que deve ler-se com *cautela*, pois aquilo que o autor quer

---

[157] Frederick Antal, *El mundo florentino y su ambiente social* ..., p. 22.

[158] A obra original escreveu-se em francês com o título *Histoire de l'art et lutte des classes*, Librairie François Maspero, 1973.

dizer com ela é algo que consideramos ser mais concreto: que a história da arte, enquanto disciplina científica, ou como área do conhecimento, foi sempre dominada pela ideologia burguesa. Para o autor, foi esta *ideologia burguesa* que coagiu o progresso da *história da arte-ciência*, uma vez que foi grandemente responsável pela consideração, no contexto geral da arte, da existência de diferenças abissais entre (a chamada) *arte maior* e outra, a *menor*, seccionando o que de facto é inseparável, e descurando as artes que se estimaram, a partir dela, como genericamente inferiores. Neste impasse teórico é costume considerar-se que as obras de arte maiores são todas as produções realizadas por *génios criadores*, e que consubstanciam o espírito de uma época, postulado que se verifica ser inadmissível em qualquer âmbito analítico da contemporaneidade mais recente. Esta rotulação categórica (e valorativa) fez por ignorar as verdadeiras relações entre os *estilos* como um fruto das relações ideológicas de classes.

Hadjinicolaou estabeleceu, como um objectivo do seu estudo, soerguer a *história da arte como ciência* que, segundo a sua perspectiva pessoal, *vegeta* há anos numa bibliografia analítica de *ornamento* para os sentidos. A redefinição do objecto da história da arte como ciência é o objectivo último da sua pesquisa e, nessa procura incessante, o autor fez uso de conceitos operativos como a *ideologia imagética* (ou *estilo*), *ideologia imagética crítica e ideologia imagética positiva*, entre outros, procurando definir, com o seu colhimento teórico, o enquadramento dos fenómenos estético-artísticos.

Para o autor, a questão fulcral de raciocínio prende-se com a possível ligação entre a afirmação (de Marx e Engels, no *Manifesto do Partido Comunista*), que assevera ser a história de toda a sociedade o mesmo que a história das lutas de classes, com uma outra questão metódica: «A produção de imagens é uma prática de classe?»[159]. Esta eventual ligação vai ao encontro do objectivo particular da história da arte como ciência que o investigador pretende encontrar. Na prossecução lógica do seu trabalho, o autor vai determinar que, de facto, *a produção de imagens é uma prática de classe e que qualquer imagem é uma obra ideológica.* Para Hadjinicolaou, a ideologia[160] da uma obra de arte é uma *ideologia imagética*[161] que, por

---

[159] Nicos Hadjinicolaou, *História da Arte e os Movimentos Sociais*, Lisboa, Edições 70, 1989, p. 18.

[160] Recorde-se o que já se disse relativamente à relação entre a arte e a ideologia, ou entre a arte e as ideologias. Por outro lado, devemos estar conscientes de que, para o autor, uma ideologia é o mesmo que um conjunto coerente de representações, de valores e de crenças e diz respeito ao mundo em que os «homens vivem, às suas

outro lado, pode não corresponder à ideologia política e social do próprio artista que a concebeu e que, por seu turno, possui a sua (e aprticular) *ideologia estética*. Por outras palavras, a consciência política de um artista não explica o estilo das suas obras[162].

No âmbito alargado do problema relativo à luta de classes, o autor encontra três géneros, ou domínios, distintos (mas que são inter-actuantes) de possibilidades: a *luta económica*, a *luta política* e a *luta ideológica* de classes.

Como ajuste de conveniência já comprovado, é a estrutura económica que determina as restantes, ou seja, quando há mutações numa sociedade, o primeiro registo ruptural é o económico, que depois arrasta consigo as restantes estruturas do tecido social (as estruturas política, ideológica e, só no perto do final deste processo, consegue alterar-se a estrutura mental de um povo). A luta económica (de classes) advém da tensão existente entre as *relações sociais* e as *relações de produção*, luta esta que vai reflectir-se na transferência do papel dominante para outro nível de luta, desta feita política e ideológica. A luta económica de classes arrasta consigo outros combates (os políticos e os ideológicos) consequentes, que são sempre estruturalmente ligados com a sociedade enquanto tal.

Ao nível da ideologia, o autor distingue várias sub-entidades ou regiões e, de entre elas, aquela que diz respeito à *produção imagética* é a «região ideológica da estética», ou mais precisamente, trata-se de uma sub-divisão desta mesma categoria, intitulada «ideologia estética da imagem». Actuando com o princípio de tese marxista, o autor combina definições até chegar

---

relações com a natureza, com a sociedade, com os outros homens, com a sua própria actividade, inclusive a sua actividade económica e política.» (Cf. Nicos Hadjinicolaou, *História da Arte e os Movimentos Sociais ...*, p. 22). Ou seja, na ideologia, os homens exprimem a maneira como vivem as relações com as suas condições de existência.

[161] A ideologia imagética não é, para o autor, uma «coisa, não se identifica com uma "coisa" (uma imagem), mas é um conceito construído que nos permite apreender as particularidades da produção de imagens e da sua história» (Nicos Hadjinicolaou, *História da Arte e os Movimentos Sociais...*, p. 103). E essa história é a história das tantas ideologias imagéticas que quer dizer o mesmo que queria dizer a história da produção de imagens. Neste sentido, a história da arte deve conceber-se, para o autor, como a nova história das ideologias imagéticas, referentes sempre a um grupo de sujeitos: «O conceito de ideologia imagética como categoria sobreindividual, supranacional, é a categoria central em história da arte» (Nicos Hadjinicolaou, *História da Arte e os Movimentos Sociais...*, p. 104).

[162] Nicos Hadjinicolaou, *História da Arte e os Movimentos Sociais...*, p. 94.

à seguinte expressão: «a história das ideologias estéticas da imagem é uma história particular da história geral das lutas de classes.»[163].

O significado do conceito *ideologia imagética* pode converter-se no entendimento que Frederick Antal tem de *estilo*. Para Hadjinicolaou, a *ideologia imagética* é, «não um conjunto de representações metafóricas, mas, em sentido estrito, uma combinação específica de elementos formais e temáticos da imagem através da qual os homens exprimem a maneira como vivem as suas relações com as suas condições de existência, combinação que constitui uma das formas particulares da ideologia global de uma classe.»[164].

Para Hadjinicolaou, tanto como para Antal, no contexto da história da arte importa atender antes de tudo à história (com a natural existência de grupos sociais que são antagónicos), enquanto substrato de partida para o reconhecimento da produção de imagens (artísticas ou não-artísticas). Embora Antal não provoque a escrita com conceitos marxistas como os de «classes sociais», «luta de classes», «ideologia», entre outros, para Hadjinicolaou, a luta de classes é, nada mais, do que a apresentação das relações sociais que são, em teoria e na prática, diferentes, como também Antal entendeu e defendeu. Trata-se da verificação da existência de práticas económicas, políticas e ideológicas que são naturalmente diversas e que dão lugar, por isso mesmo, a naturais relações de oposição, ou sentidos estruturais contrários que não correspondem, necessariamente, a uma *luta* no sentido bélico do termo.

Para Nicos Hadjinicolaou, como a produção de imagens é considerada uma *prática ideológica*, então essa mesma produção tem necessariamente de assumir-se como uma prática de classe, e a ideologia veiculada pelas imagens é naturalmente diferente, por ser uma ideologia puramente imagética.

O autor critica o atraso das investigações marxistas sobre a história da arte e adianta que esse atraso fica também a dever-se ao facto de, durante anos, ter persistido uma determinada concepção de marxismo que queria a todo o custo fazer valer o domínio da

---

[163] Nicos Hadjinicolaou, *História da Arte e Movimentos Sociais* ..., p. 27. Como se vê, a prolixidade deste autor mede-se também ao nível da sua conceptualização determinada com rigor, baseando-se sempre em teorias marxistas.

[164] Nicos Hadjinicolaou, *História da Arte* e *Movimentos Sociais...*, p. 102.

estrutura política sobre a ideologia imagética assim sobredeterminada. Confundiu-se a militância da arte — que é indispensável, como se viu, na luta ideológica, mas que só funciona na medida da sua capacidade de acção num ambiente de liberdade —, com um simples utensílio de *propaganda de poder*. Como resultado destas deliberações, as análises das obras do passado têm sido feitas com base nas situações do presente (ou da situação contemporânea àquele que as analisa), ou seja, a história da arte passou a considerar as imagens sempre na medida de um conteúdo político.

Numa justa conclusão, a arte não deve impor-se, mas deve ser o resultado de uma força interventiva, e sempre viva num ambiente de liberdade. Por outro lado, o marxismo vulgar fez, de alguma forma, identificar o *realismo* (numa conceptualização que é diferente da de *naturalismo*), com uma escola artística de orientação progressista e, deste modo, a história da arte deveria encaixar-se na história dos artistas considerados progressistas, ou seja, a história dos artistas realistas, ideia que afastou a história da arte da sua feição científica.

4.1.10. Theodor Adorno

Numa perspectiva entendida, *grosso modo*, como *estética sociológica* trabalhou o filósofo, sociólogo e musicólogo marxista não ortodoxo Theodor Wiesengrund Adorno (1903-1969), legando-nos trabalhos cuja importância nos leva a inclui-lo neste texto de síntese.

Na sua derradeira e inacabada obra, a *Teoria Estética*, publicada pela primeira vez em 1970, um ano após a morte do autor, e traduzida em Portugal pelas Edições 70, em 1982, o autor disserta longamente sobre os tantos problemas ligados com a arte, sempre dentro de um quadro de preocupações pessoais (recorde-se que Adorno foi um musicólogo) e conjunturais.

Partamos da constatação de que o método do pensamento adorniano é dialéctico, ultrapassando-se, por isso mesmo, a cada passo que dá. O autor nunca atinge resultados definitivos, ou explicações últimas, uma vez que recoloca esses resultados sistematicamente em causa, questionando-os a cada momento da sua própria teoria. A reflexão dialéctica de Adorno ultrapassa a dialéctica hegeliana e entende-se como *negativa* uma vez que, para o autor, as transformações do mundo da cultura dão-se quase sempre devido a uma interacção de um mecanismo repressivo[165]. Nesta ocasião, a razão humana retorna ao caos.

Conforme escreveu Christoph Menke: «La tesis fundamental de la *estética de la negatividad* consiste en una sencilla ecuación: la verdadera difierencia estética, la diferencia entre lo estético y lo no estético, es la negatividad. Sólo el que aprehende las obras de arte en sua relación negativa con todo lo que no es arte, puede comprenderlas en su autonomía, en la lógica própria de su modo de representación. Lo singular del arte residde en su singularización.»[166].

Explicativamente, na procura de uma definição de arte Adorno exercita um mecanismo dicotómico: a arte determina-se na medida e na relação com aquilo que não é arte. Pensa o autor que só podemos emitir juízos valorativos sobre o facto artístico porque o relacionamos e, nessa relação que fazemos, conseguimos discernir o maior, porque este é, justamente, melhor na sua relação com o menor. Só é arte aquilo que se opõe ao não-artístico e a arte existe na medida da existência do seu contrário. Esta questão teórica fulcralíssima é concomitante a outras inquietações estéticas debatidas pelo autor que, embora extensamente marxista, também alcança os limites do pensamento marxista, afastando-se por vezes dessa matriz de envolvimento metodológico, e procurando, sempre que lhe é necessário, novas altercações teóricas num raciocínio metodológico mais individual. E a superação do marxismo ortodoxo em Adorno é perfeita.

---

[165] É necessário entender a conjuntura em que o autor viveu, e inseri-lo na época que lhe é devida, porque se o fizermos, verificamos um pensador nascido na Alemanha e que viu nascer o nacional-socialismo. Adorno viu-se então obrigado a exilar-se nos EUA, espaço onde desenvolveu as suas teorias ulteriores. Nas palavras de Norbert Elias [— «La autoridad del pasado: en memorio de Theodor W. Adorno (2)», trad. de José María Pérez Gay, *Nexos*, 1979: disponível em <http://www.kuwi.uni-linz.ac.at/hyperelias/z-elias/abstracts/FullText-spa-1979-T-spa-1.htm>), último acesso em Janeiro de 2010]: «Me parece que uno no puede ni podrá entender la médula de la orientación marxista de Adorno, de su simpatía por la teoría de Marx, si no ha entendido antes lo que significa el trauma del fascimo alemán. Adorno había vivido primero con escepticismo, y luego con un creciente horror, el ascenso del nacional-socialismo. Años después debería abandonar el país [...], para vivir como un desterrado, [...] y no como un emigrante voluntario, en países con outra tradición y outro régimen parecido pudiera resuscitar de sus cenizar se convertió en una obsesión constante.».

[166] Christoph Menze, *La soberanía del arte, La experiencia estética según Adorno y Derrida*, trad. de Ricardo Sánchez Ortiz de Urbina, Madrid, Visor, 1997, p. 23. O itálico é nosso.

O esteta defende a *liberdade criadora* e as formas artísticas enquanto entidades *comunicantes e autónomas*, ao mesmo tempo que procura definir e encontrar a obra de arte verdadeira, tão inquirida desde há muito tempo, por outros tantos teóricos e estetas provindos de múltiplas escolas de pensamento (desde a kantiana, hegeliana idealista à romântica, passando pela filosofia heideggeriana, entre outros sistemas).

Nesta pesquisa, Adorno revela que a obra de arte é real e irreal, é verdade e inverdade, é, no fundo, um oxímoro[167]. Escreve o autor que a realidade da obra de arte lhe parece, a si mesma, irreal, «indiferente quanto que ela é por essência e, no entanto, sua condição necessária; ela é justamente irreal na realidade, quimera. [...] A obra de arte só é real enquanto obra de arte, só se basta a si mesma na medida em que é irreal, distinta da empirira, da qual continua, no entanto, a ser uma parcela. Mas o seu elemento irreal — a sua determinação enquanto espírito — só existe na medida em que se tornou real [...]. Na aparência estética, a obra de arte toma posição perante a realidade, que a nega, ao tornar-se uma realidade *sui generis*. A arte realiza o protesto contra a realidade mediante a sua objectivação.»[168]. Este conjunto de ideias é sublime. Explicativamente, quer o autor dizer que a obra de arte não é o mesmo que a realidade (do mundo), e por isso é irreal na, ou comparativamente com a realidade. A arte assume uma realidade particular, ou a sua própria realidade. E enquanto obra possui uma vertente importantíssima que é a sua própria materialidade. Materializando-se, a obra ganha corpo e torna-se real (corpórea), e materializando-se em obra, ou em coisa estética, ela «toma uma posição perante a realidade», aparecendo-lhe como outra realidade.

Em Adorno, a veracidade da obra de arte, a sua corporalidade, a sua forma e o seu conteúdo, a sua materialidade e o mundo-outro que ela gera consubstanciam preocupações muito pertinentes e transversais à sua obra teórica. Independentemente destes casos, para o autor a arte visa, ou deve visar a verdade. E visa a verdade se ela não for imediata, entendendo-se a *verdade* como o conteúdo da obra. E um dos critérios usados para a busca da verdade na arte é, precisamente, a sua inverdade, e a sua contradição... Conclui o autor que o «espírito das

---

[167] Cf. Theodor W. Adorno, *Experiência e Criação Artística: Paralipómenos à 'Teoria Estética'*, trad. Artur Morão, Lisboa, Edições 70, 2003. Este livro é o resultado de uma compilação de textos soltos que, supostamente, o autor quereria integrar no seu extenso volume *Teoria Estética* que ficou inacabado.

[168] Theodor W. Adorno, *Experiência e Criação Artística...*, pp. 37 e 38.

obras de arte não é o que significam, não é o que querem, mas o seu conteúdo de verdade.»[169].
A obra de arte é verdadeira enquanto tal, mas nunca o é se entender emparceirar com a realidade como a conhecemos já que a arte e a realidade têm de ser, muito naturalmente, diferentes. O seu cruzamento aliena a verdade da arte transformada, ela própria, no real que os sujeitos passam a viver como se de um sonho se tratasse ou, então, como se a realidade não merecesse reparos, uma vez que a arte a expressa de tal forma que chega a fazer parte dela. Aliás, este é, para o autor, um dos problemas da massificação da cultura, na medida em que o controle cultural estagna a leitura criativa das obras e indexa os sujeitos a um local de sombra, incorrendo no risco de confundir o que diz respeito à realidade, competindo à cultura (e à arte) ocupar o seu lugar de legitimação de determinadas situações. Por outro lado, a cultura de massas intenta satisfazer um mercado e, nessa instância, promove o fácil e o pronto a servir, garante a agradabilidade e promove o espanto, por meio de mecanismos de carácter ilusório, enquanto o receptor é tratado como um mero consumidor acéfalo[170].

Para o autor, a arte verdadeira não pode aliar-se à sua massificação para consumo. Este caso da massificação cultural (e artística) foi caro ao pensamento de Adorno que se demorou a teorizar sobre o assunto discorrendo, sobretudo, sobre aquilo que ele próprio denominou como indústrias culturais. Se a arte não deve querer-se como forma de prazer domingueiro, também não pode consubstanciar-se como uma força de comércio, visando a sua troca por dinheiro, porque perderá a sua substância última. Para o autor, os poderes políticos e culturais dirigem sublimemente, e de forma disfarçada, e por vezes através de mecanismos desvirtuantes, o real entendimento que os homens devem fazer do mundo. A massificação da ingenuidade é um forte aliado do poder instituído, e dessa mesma forma, atraindo-se os homens ao fascínio pela preguiça de pensar, conservam-se facilmente as normas que formatam a razão (indolente). Importa à arte, bem como aos seus produtores, encontrar um lugar onde não possa formatar-se, no sentido de quebrar os arreios da ingenuidade em que se aculturam os homens. Cabe à arte manter-se no mundo, libertando as amarras que os governos (e as sociedades) vão engrossando, de molde à sua manutenção sem querelas e sem rebeliões. E quando a arte

---

[169] Theodor W. Adorno, *Experiência e Criação Artística …*, p. 47.

[170] Cf. Theodor W. Adorno, *Sobre a Indústria da Cultura*, Coimbra, Angelus Novus, 2003. Esta é a última edição da obra que se publicou pela primeira vez em 1974.

abraçou a indústria da sua massificação deixou-se seduzir pelo fácil, ajudando a deslumbrar os homens, como forma de reverter-se num seio tanto mais abrangente quanto possível, dando-lhes (por outro lado) do fruto que eles mais desejavam, abandonando assim a sua essência e o seu merecimento[171].

A arte tem, então, de prever-se na sua relação com a realidade (ela é outra realidade, não é a própria realidade e não pode confundir-se com ela), com a imaginação, com a verdade, com a forma particular de objectivar-se, ou de materializar-se, na relação com a experiência, com a técnica, com a subjectividade, e com a empiria, e também com a mimese... Esta pesquisa infinita sobre o que é a arte, empreendida por Adorno, tem de ler-se à luz da sua conjuntura particular, como acontece, de resto, com todos os autores que temos vindo a sistematizar. E o facto de não haver uma conclusão que feche o sistema teórico adorniano prende-se com o mesmo caso: com a conjuntura difícil na qual vivia o homem, e na qual vivia a própria arte, tentando encontrar o seu caminho por entre as tantas curvas do mundo. Na sua demanda incessante por uma metodologia de trabalho consertada e abrangente que lhe conferisse meios de chegar a determinados pontos conclusivos, Adorno debate-se com uma meditação profunda e angustiante, *corrompendo-se* com o dramatismo da finitude (que não a finitude da arte de carácter hegeliano). Mas apesar de tudo, Adorno retira uma conclusão, a determinado passo da sua investigação: que a arte não proporciona, afinal, a felicidade ambicionada pela revolução. A arte só o é por estar em constante *movimento* e *alteração*, categorias que são inevitáveis neste desencadeado e ininterrupto *devir* da humanidade e das civilizações.

---

[171] As palavras de Adorno (— *Experiência e Criação Artística*, ..., pp. 127 e 128) sobre o consumo da arte, na relação com a verdade da arte durante o último meado do século XX são realmente sublimes: «A arte é, de facto, uma vez mais o mundo, a este tão semelhante como diferente. Na época da indústria cultural dirigista, a ingenuidade estética modificou a sua função. O que outrora às obras de arte, no pedestal da sua classicidade, conferia o seu maior prestígio, a nobre simplicidade avaliou-se como meio de capturar o cliente. Os consumidores, aos quais é confirmada e repisada a ingenuidade, devem ser impedidos de elaborar ideias estúpidas sobre o que devem engolir e sobre o que está contido nas pílulas. A simplicidade de outrora está traduzida na tolice do consumidor de bens culturais que, reconhecido e com uma boa consciência metafísica, compra à indústria uma obra de fancaria, aliás, inevitável. Logo que a ingenuidade se torna um ponto de vista, deixa de existir. Uma relação genuína entre a arte e a experiência da consciência dela consistiria na formação que tanto ensina a resistência à arte enquanto bem de consumo, como permite ao receptor descobrir a substância da obra de arte.»

A arte é, justamente, uma entidade distinta da realidade empírica das formas, como já notámos. Adorno defende, como Marcuse, que a arte entende, ou deve entender criar uma *realidade-outra*, com *outras* garantias e com *outras* possibilidades de sobrevivência. Por outro lado, o esteta alemão concorda com o fechamento da definição de arte na obra em si, ou seja, na sua própria objectualidade que, ainda assim, não a define. Escreveu o autor que desligada «da sua pretensão imanente à objectividade, a arte seria apenas um sistema mais ou menos organizado de estímulos condicionando reflexos, que a arte, por si mesma e de um modo autístico e dogmático, atribuiria àquele sistema, em vez de os atribuir a estímulos sobre os quais ela actua.»[172].

Neste percurso de determinação teórica, Adorno vai, seguidamente, criticando e superando, não só as posições adiantadas por Marx e Engels, mas também por Freud e seus sequazes, por Kant e por Hegel, pelos psicólogos de orientação gestáltica, entre tantos outros estudos e andamentos teóricos que exuma e analisa.

Expandindo uma postura teórica assente no paradigma sociológico, Adorno explica a arte moderna no contacto com as relações de produção industrial[173], de uma forma sublime quando diz: «É moderna a arte que, segundo o seu modo de experiência e enquanto *expressão da crise da experiência*, absorve o que a industrialização produziu sob as relações de produção dominantes. Isto implica um cânon negativo, proibição do que tal arte moderna nega na experiência e na técnica [...]. Que uma tal arte moderna seja mais do que um vago "espírito do tempo" ou um versado *up-to-date* deve-se ao desencadeamento das forças produtivas. Ela é tão determinada socialmente pelo conflito com as relações de produção como intra-esteticamente enquanto exclusão de elementos gastos e de procedimentos técnicos ultrapassados. A modernidade opor-se-á antes a todo o espírito do tempo que domina em cada época e hoje mesmo o deve fazer; a arte moderna radical surge perante os consumidores de cultura convencidos com uma seriedade fora de moda e, também por causa disso, extravagante. Em

---

[172] Theodor W. Adorno, *Experiência e Criação Artística* ..., p. 14.

[173] Tal como W. Benjamin, também Adorno pensou o problema da relação entre a arte e a sua reprodutibilidade, em contextos de *indústria cultural*. Durante os anos (entre 1938 e 1941) em que trabalhou ao serviço da Fundação Rockefeller, para investigar a radiodifusão nos Estados Unidos, entendeu, entre outros assuntos, que a difusão pela rádio danificava a qualidade da música.

nenhum lado se exprime de maneira tão enfática a natureza histórica de toda a arte como na irresistibilidade qualitativa da arte moderna; o pensar nas invenções da produção material não constitui uma simples associação. Obras de arte significativas tendem a aniquilar tudo o que, na sua época, não atinge o seu padrão.»[174].

Chegamos aqui a uma questão fundamental e que está presa à ideia que Adorno possuía relativamente à arte de vanguarda e à arte que lhe era coeva. Como marca característica, Adorno foi um forte defensor dos movimentos de vanguarda. Admirador e defensor da música atonal (a própria filosofia adorniana é classificada como atonal), da música dissonante e da música sequencial, Adorno trabalhou com Alan Berg, com Schönberg (o círculo vanguardista reconhecido como a Segunda Escola de Viena). No mesmo contexto, devemos recordar como é conhecida a admiração de Adorno por Samuel Beckett, classificando-o como o pai do modernismo literário...

Theodor Adorno defendeu as vanguardas como a única forma séria de construção artística. Para ele a arte deve consubstanciar libertação, e libertação até do mundo e das conjunturas, situando-se a arte antes delas. Para Adorno, a arte deve ser um lugar livre para as utopias. Para o autor, a arte do seu tempo, aberta mas incisiva, é aquela que, despida do seu tradicional lugar metafísico, emerge como a verdadeira obra de arte. Neste sentido (e em tantos outros) o autor assume-se como um teorizador que esmaga o tradicionalismo em prol, precisamente, das artes ditas de vanguarda, aquelas que representam o "não-sentido", e actuam como o não-interpretativo, porque elas abrem o lugar ao esmagamento das categorias e das formas costumadas, expandindo-se. A partir de Adorno, as obras-mestras da história da arte devem passar a ler-se de outra forma, precisamente porque a escrita do que não pode escrever-se é prenhemente revelador, abrindo os horizontes do público aos caminhos de uma aurora: a arte que resgata, a arte autónoma e anti-metafísica e a arte autêntica que não se vale da forma, podendo negá-la, se disso houver necessidade. Para Adorno é crucial que nos possamos defender dos movimentos tradicionalistas, mesmo aqueles que vigoravam na sua época, porque, na sua grande maioria, possuem um carácter de vanidade.

---

[174] Theodor W. Adorno, *Teoria Estética*, Lisboa, Edições 70, Col. Arte & Comunicação, 1982, pp. 47 e 48. O itálico e o negrito são nossos.

Acresce ainda explicar que, para o nosso autor, a verdadeira arte tem de inquietar e tem, até, e se caso for, de ser magoante (*it must hurt*). O prazer e o entretenimento desvinculados, que tradicionalmente oferecem as obras de arte, fazem-nas perder a sua garantia enquanto factos realmente artísticos porque se vêem assim incompletas. Quantas são as obras que geram grandes formas de entretenimento e que não são estéticas? O prazer e o entretenimento que provocam tantas obras são os inimigos da *verdadeira* apreciação estética[175].

Quando o autor ensaia sobre a relação histórico-filosófica, ou social e estética, no âmbito da dicotomia existente entre o Belo e o Feio, afirma-se como um seguidor do materialismo histórico transmitido pelo *Manifesto do Partido Comunista*. Aliás, o autor faz mesmo uma analogia firme entre o raciocínio dialéctico ali patente e o *estado da arte*, como se se tratasse de uma transposição do método aos propósitos da estética: «O conteúdo latente da dimensão formal feio-belo tem o seu aspecto social. O motivo da admissão do feio foi anti-feudal: os camponeses tornaram-se capazes de arte. [...] O oprimido, que deseja a revolução, é vulgar, segundo as normas da bela vida da sociedade feia, desfigurado pelo ressentimento, carrega todos os estigmas da degradação sob o fardo do trabalho servil, sobretudo corporal. [...] A arte deve transformar em seu próprio afazer o que é ostracizado enquanto feio, não já para o integrar, atenuar ou reconciliar com a sua existência pelo humor, que é mais repelente que tudo o repulsivo, mas para, no feio, denunciar o mundo que o cria e reproduz à sua imagem, embora mesmo aí subsista ainda a possibilidade do afirmativo enquanto assentimento à degradação em que facilmente se transforma a simpatia pelos reprovados. [...]. [A] arte, mediante as suas formas autónomas, denuncia a dominação, mesmo a que está sublimada em princípio espiritual, e dá testemunho do que tal dominação reprime e nega.»[176].

Para o autor, a verdadeira arte também deve dar a conhecer *o feio da vida*, impregnado-o no seu conteúdo, como forma de ultrapassá-lo. Servindo-se do feio sem o integrar, a arte gera mecanismos de denunciação, capazes, possivelmente, de libertar o homem. É evidente que esta não é uma teoria nova mas, ainda assim, com Adorno assume a sua forma

---

[175] E a utilização do termo não possui, evidentemente, relações com os predicados de beleza.

[176] Theodor W. Adorno, *Teoria Estética*, ..., p. 63.

mais eficaz de disseminar-se, defendendo que a arte tem de incluir, nos seus objectivos, a denúncia e a protecção de todos quantos dela necessitam.

De uma forma muito simples, Adorno define o comportamento estético como a capacidade de sentir «certos estremecimentos, como se a pele de galinha fosse a primeira imagem estética». Porque nada «é vida no sujeito a não ser o estremecimento, reacção ao sortilégio total que o transcende.»[177].

4.1.11. Herbert Marcuse

Durante os anos setenta do século passado, mais concretamente em 1975, publicou-se a obra do filósofo e sociólogo alemão Herbet Marcuse (1898-1979), *La dimension esthétique, pour une critique de l'esthétique marxiste*. Em Portugal fez-se uma tradução para *A Dimensão Estética*, levada a cabo pelas Edições 70, em 1981.

Marcuse foi um pensador fortemente influenciado por Hegel, por Marx, Luckàcs, e também por Heidegger e por Walter Benjamin. Nos seus anos de exílio nos EUA, Marcuse conviveu intensamente com Adorno, deixando-se motivar pelas suas ideias. Fundamentalmente, as reflexões de Marcuse são conformes às de Adorno, especialmente quando defendeu que os Estados modernos, ou, como lhes chamou, os *Estados do Bem-Estar Social*, apetrechados pelos avanços que as tecnologias lhes permitem, são os verdadeiros responsáveis pelos sistemas de dominação.

A *racionalidade institucional dirigida* sobrepõe-se, de forma totalitária, à racionalidade individual, promovendo nos homens a sua própria alienação. A racionalidade tecnológica, para Marcuse, causa um crescente artificialismo e gera inevitáveis conformismos, negando a liberdade dos homens, negando-lhes a possibilidade de existirem e de pensarem individualmente, e, por isso, de se manifestarem revolucionariamente. O Estado assim disposto formata os homens tornando-os entidades mecânicas e submissas, porque para alcançar o *bem-estar* almejado e prometido pelos Estados modernos, o homem terá de aumentar incessantemente a sua produtividade, e de sujeitar-se ao sistema dominante. Os sujeitos que melhor seguirem as instruções e os planos dos Estados que assim governam em prol do bem-

---

[177] Theodor W. Adorno, *Experiência e Criação Artística*, …, p. 120.

estar e da conveniência e da concertação, serão, conforme à propaganda dos poderes, mais bem sucedidos na vida. Todavia, esses sujeitos estão incapazes de reconhecer as *contra-indicações* desse sistema de negação do próprio homem. Neste admirável mundo novo de (vãs) seduções, aplaca-se a individualidade, a criatividade, a liberdade e a essência da humanidade, submetida a extensos códigos de dominação que são perfeitamente dirigistas[178]. É neste contexto que Marcuse desenvolve as suas teorias e, sobre os problemas da arte e da estética, o autor assume caracteres afins a esta *lógica de pensamento*.

Herbert Marcuse conserta-se com a maioria dos postulados teóricos de Adorno, não só por serem ambos da mesma geração mas, e acima de tudo, por perfilharem a mesma *estrutura* de pensamento. Marcuse, ele próprio, não quis deixar de prestar um tributo público a Theodor Adorno, na abertura do volume *A Dimensão Estética*: «A minha dívida à teoria estética de Theodor W. Adorno dispensa-me de qualquer agradecimento específico.»[179].

Como já se verificou, Marx admirava a arte grega, considerando-a (no seu texto a *Introdução à Crítica da Economia Política*) como uma *norma*, ou um modelo inimitável, mesmo apesar de constituir-se como um fruto de uma época cujas condições económicas e sociais tinham sido há muito ultrapassadas. Foi precisamente porque essas condições motrizes haviam sido ultrapassadas que Marx teve necessidade de justificar-se, alegando que a arte grega exerce em nós o mesmo fascínio e atracção que a nossa própria infância. Herbert Marcuse, como tantos outros pensadores, não pôde acreditar neste argumento, para ele *pouco persuasivo*, e nem mesmo nesta noção de *infância social da humanidade* como um equivalente à nossa própria infância, já perdida. Esta observação de Marx deixa sem resposta questões importantes, concernentes às artes, questões essas que os seus seguidores tentaram solucionar. Sociólogos, filósofos da arte e historiadores alertaram para o facto de Marx ter olvidado as preocupações que eles mesmos sentiam, especialmente relacionadas com o conteúdo social dos empreendimentos artísticos. Apesar dos seus esforços, pensa Marcuse, a justificação de Marx soa a uma falsa resposta, reflectindo, possivelmente, um falso entendimento da questão,

---

[178] Cf. Herbert Marcuse, *A Ideologia da Sociedade Industrial, o Homem Unidimensional*, Rio de Janeiro, Brasil, Zahar Editores, 1982. O livro em causa foi publicado pela primeira vez em 1978.

[179] Herbert Marcuse, *A Dimensão Estética*, Lisboa, Edições 70, 1981, p. 10.

retumbando sempre a uma *desculpa infantil*, pelo facto de preferir, com deleitamento, as obras da Antiguidade. Neste contexto, Marcuse intenta contribuir, atendendo ao pensamento de Marx, para a reflexão que tende a explicar a veracidade da obra de arte, acompanhando-a nas suas relações com os sistemas económicos e sociais.

O alcance de Marcuse supera, tal como o de Adorno, o marxismo ortodoxo e este pressuposto colhe-se logo na abertura do texto a que vimos fazendo referência, quando o autor adverte que: «Este ensaio pretende contribuir para a estética marxista, mediante a impugnação da sua ortodoxia predominante. Por "ortodoxia" compreendo a interpretação da qualidade e verdade de uma obra de arte em termos da totalidade das relações de produção existentes. Concretamente, esta interpretação considera que a obra de arte representa os interesses e a visão do mundo de determinadas classes sociais de um modo mais ou menos preciso.»[180]. A crítica da ortodoxia marxista, em Marcuse, baseia-se na própria teoria marxista, na medida em que considera a arte no contexto das relações sociais, atribuindo à arte uma função política. Ao contrário dos estetas marxistas ortodoxos, Marcuse assiste ao político da arte na própria arte, ou na «forma estética em si», entendendo-se a forma estética com autonomia em relação às relações sociais existentes. Na «sua autonomia, a arte não só *contesta* estas relações como, ao mesmo tempo, as *transcende*.»[181]. Mais preciso do que este texto aqui reproduzido, não pode achar-se outra qualquer síntese teórica. A arte vale por si, como força autónoma e, por tantas vezes, ela não é o fruto das relações sociais existentes, ou das forças estruturais em que muitos marxistas a vêem assentar mas, pelo contrário, ela justifica-se na sua capacidade de contestar essas relações, e de as ultrapassar, com as suas potencialidades e com a sua capacidade essencial.

Para Marcuse, o encontro da verdade da arte é mais profícuo do que para outros estetas, mais ortodoxos, porque o simples «facto de uma obra representar verdadeiramente os interesses ou a visão do proletariado ou da burguesia não faz dela uma verdadeira obra de arte.»[182]. Devemos ir mais longe, defende o autor, porque as obras de arte são entidades com

---

[180] Herbert Marcuse, *A Dimensão Estética*, ..., p. 11 e 12. O itálico é nosso.

[181] Herbert Marcuse, *A Dimensão Estética*, ..., p. 12.

[182] Herbert Marcuse, *A Dimensão Estética* ..., p. 27.

vida própria e que transcende a realidade dos factos e a praxis quotidiana. A arte não pode ser coagida, não pode ser dirigida, não pode ser o *reflexo* de uma porção da vida, e o seu objectivo e alcances não podem espartilhar-se.

Marcuse foi um defensor, como tantos outros pensadores de matriz marxista, da *revolução*, com um sentido de libertação da humanidade. Nesse âmbito, Marcuse também quis aferir, na arte, sobre a sua capacidade revolucionária[183]. E para ele a arte pode, efectivamente, ser revolucionária, e de várias formas, mesmo sem ter de comprometer-se, necessariamente, com os ditames da ortodoxia. A arte é, assim, revolucionária se representar uma *mudança radical no estilo e na técnica*, porque está, nesse sentido, e justamente, a revolucionar e a *acontecer*, a sair da menoridade, da normalidade, do tradicionalismo e do assentimento. A arte também é revolucionária se conseguir representar a falta de liberdade dos indivíduos. A arte é revolucionária se comprometida com as forças de rebelião rompendo, desse modo, com a realidade social mitificada, e abrindo os horizontes da mudança. Assim sendo, «toda a verdadeira obra de arte seria revolucionária, isto é, subversiva de percepção e da compreensão, uma acusação da realidade estabelecida, a aparição da imagem da libertação.»[184]. A arte tem de possuir este rosto e esta alma libertadora, ultrapassando a realidade estabelecida, que é alienante e dirigista e que, de qualquer forma, é sempre oprimente e totalizadora.

A estética marxista tratou a arte como um fenómeno da ideologia, catapultando-a, sempre que pôde, para o patamar da expressão e carácter de uma classe social mas Marcuse abona, com a mesma garantia, sobre a existência concomitante de uma *arte pela arte*, fruto de uma necessidade que possui um outro género de recorte revolucionário. Se para a grande maioria dos pensadores não pode haver lugar, no mundo dos acontecimentos artísticos, para uma arte desapegada dos aspectos relacionados com a mensagem e com os critérios presos às grandes questões sociais e económicas, se para quase todos eles não há espaço para a criação desapegada, feita sem qualquer intuito que não seja o prazer de praticar a arte, para Marcuse as coisas não são assim. Se o artista não diz nada sobre o mundo é porque está a recusá-lo,

---

[183] Neste sentido, recordemos o que já dissemos sobre Trotsky.

[184] Herbert Marcuse, *A Dimensão Estética* ..., p. 13.

assumindo assim uma outra atitude de rebeldia que pode, também, e ocasionalmente, levar à revolução.

O reexame crítico da estética marxista de *per se* tinha de realizar-se, por entender-se a sua rigidez e a inflexibilidade ligadas à noção de *realismo*, e presas à ideia de que a actividade artística está sempre imbuída de critérios aliados com as situações superestruturais. Por outro lado, é sabido que o materialismo histórico não deixa muito lugar vago no âmbito das potencialidades do *exercício criativo* como *exercício subjectivo* e, por isso mesmo, auto-mutila-se enquanto estrutura teórica convincente no âmbito das produções humanas. A arte, para Marcuse é também, e necessariamente, criatividade e subjectividade, senão nunca seria arte. Durante os anos 70 do século XX debateram-se grandemente os enfoques ligados à subjectividade, à criatividade e à imaginação dos indivíduos (e, nesse âmbito, também dos indivíduos criativos, ou criadores). Neste sistema assim construído e suportante da criação, não podiam conceber-se as alegações de universalidade e de consciência colectiva, ou de consciência de classe, entendidos na sua fixidez ortodoxa, como motrizes únicas no processo de concepção artística. *A revalorização do indivíduo* enquanto fonte de inegáveis, quanto inesgotáveis condições, dentro do processo criativo (e tendo em linha de conta que o processo criativo implica sempre uma ruptura revolucionária), levou a uma crítica metódica dos pressupostos ortodoxos.

Diz Marcuse que, no território marxista, não é valorizado um requisito fundamental da revolução que é, nada mais, do que a realização de que as mudanças radicais se fundam na subjectividade dos sujeitos que a estabelecem, ou seja, a revolução começa, para o autor, na inteligência, nas paixões e nos impulsos, tanto quanto nos objectivos estabelecidos para o efeito. Nas palavras de Marcuse: «A teoria marxista sucumbiu à própria reitificação que expôs e combateu na sociedade como um todo. A subjectividade tornou-se um átomo da objectividade; mesmo na sua forma rebelde submeteu-se a uma consciência colectiva.»[185].

---

[185] Herbert Marcuse, *A Dimensão Estética* ..., p. 17. Veja-se o que já se escreveu sobre o entendimento que Marcuse fazia do mundo contemporâneo, na sua relação com a indústria e com a tecnologia. Marcuse defendeu sempre, como se anota, o valor do indivíduo enquanto sujeito que é ser pensante e com potencialidades de acção revolucionária, desde que tome consciência da sua sujeição tradicional e quieta ao poder manipulador que exercem as forças do poder a que sempre se sujeitou, libertando-se dele com viva força

A crítica do determinismo marxista estava agora ao alcance de uma verdadeira *estética de renovação*: a noção de subjectividade não pode ligar-se com o espírito da "burguesia" tradicionalista e retrógrada, porque a *subjectividade* e o *individualismo burgueses* não caminham no mesmo patamar de conceptualidade e de aplicabilidade teórico-prática.

Numa conclusão de tese, Marcuse defende, abertamente, que as «qualidades radicais da arte, ou seja, a sua acusação da realidade estabelecida e a sua invocação da bela imagem (*schöner Scheim*) da libertação baseiam-se precisamente nas dimensões em que a arte transcende a sua determinação social e se emancipa a partir do universo real do discurso do comportamento, preservando, no entanto, a sua presença esmagadora. [...] A lógica interna da obra de arte termina na emergência de outra razão, outra sensibilidade, que desafiam a racionalidade e a sensibilidade incorporadas nas instituições sociais dominantes.»[186].

A realidade da vida, essa sim, está impregnada de lutas entre classes, e não corresponde, *ipsis verbis*, à realidade da arte, ou à verdade da forma estética que se constitui com autonomia, feita de outras luzes, algumas que não se explicam, e que não podem senão sentir-se. Na arte, para Marcuse, o mundo fictício é a sua verdadeira realidade (Adorno) e o que a arte tem como objectivo é, para além da realização de factos estéticos, também o de comunicar verdades que, noutra linguagem vulgar, não podiam comunicar-se. A arte é comunicação feita numa *linguagem-outra*, ela é artifício e ela é facto estético, ela é autónoma em relação ao mundo social, e ela é conhecimento, como também é consciência.

A arte é uma forma de rebelião porque escapa à norma das instituições, e porque as supera, ou pode superar. A arte é a acusação das normas estabelecidas que constituem o real, constituindo-se assim como uma forma revolucionária de se estar no mundo. A arte é revolução porque, em espiral ascendente, paira sobre o mundo sem nunca pousar sobre ele, ajudando a libertar os homens através da sua inteligência.

4.1.12. Giulio Carlo Argan

Numa abreviada notícia biográfica, devemos anotar que Giulio Carlo Argan (1909 /1992) foi aluno de Lionello Venturi na Universidade de Turin e que, mais tarde, foi Professor

---

[186] Herbert Marcuse, *A Dimensão Estética* ..., pp. 19 e 20.

nas Universidades de Palermo e de Roma, especializando-se em arte italiana. Em 1959 Argan foi galardoado com o prémio de crítica de arte «Feltrinelli». Entre 1976 e 1979, Argan foi Presidente da Câmara de Roma e membro do Senado pelo Partido Comunista[187].

Na sua obra, titulada *Arte e Crítica de Arte*[188], o autor regista, de forma sintética, mas rigorosa e eficaz, uma qualificada carga informativa sobre os movimentos artísticos ocorridos nos espaços europeu e norte-americano durante o século XX. Este livro assim composto, surgiu como o resultado de uma reimpressão de dois estudos que Carlo Argan elaborara sobre a crítica da arte ocidental no século XX, dados à estampa pela primeira vez numa obra mais abrangente: a *Enciclopedia del Novecento*.

Argan demonstra, também com este texto, as suas preocupações com os problemas relacionados com a metodologia das ciências que estudam os fenómenos artísticos do século XX, bem como com as possibilidades que se prendem com a crítica, e com a teoria da arte do mesmo século. Argan faz aqui um exame à arte contemporânea intercalando tendências e correntes estéticas que explica à luz de elucidações conjunturais.

Giulio Carlo Argan foi um historiador da arte que trabalhou na esteira do pensamento *marxista moderado*, concebendo uma da história da arte consubstanciada no dinamismo inter-relacional de factores interactuantes que, *grosso modo*, ultrapassam a visão clássica da historiografia dos fenómenos estéticos e artísticos. Para o autor, a análise da obra de arte não é

---

[187] O número de obras publicadas por este autor é ascendente contando-se, de entre alguns títulos mais significativos, *L'Europe des capitales: 1600-1700*, publicado na Suíça, pela Alebert Skira, 1964; o estudo *The Renaissance*, Londres, Thames and Hudson, 1969; *Studi e note dal Bramante a Canova*, Roma, Mario Bulzoni Editore, 1970; *El passado en el presente: el revival en las artes plasticas, la arquitectura el cine y el teatro*, Barcelona, Gustavo Gili, 1977; *El arte moderno 1770/1970*, Valência, Fernando Torres, 1984; *Immagine e persuasione: saggi sul barocco*, Milano, Feltrinelli, 1986; *Storia dell'Arte Italiana*, Firenze, Sansoni, 1987; *Arte e Crítica da Arte*, Lisboa, Estampa, 1988; com Rudolf Wittkower, «Perspective et histoire au quattrocento», *La question de la perspective*, 1960-1968, Les Éditions de la Passion, Chatillon-sous-Bagneux, 1990; com Maurizio Fagiolo, *Guia de História da Arte*, Estampa, 1992 (e 1994); *L'âge baroque*, Skira, Genève, 1994; *Arte Moderna: do Iluminismo aos movimentos contemporâneos*, São Paulo, Companhia das Letras, 1993 (as datas aqui referenciadas correspondem às edições referidas, e não às primeiras impressões das obras). Para além deste grupo aqui arrolado muito resumidamente, o autor também estudou artistas como Fra Angelico, Botticelli e Walter Gropius, entre outros, aos quais dedicou estudos monográficos.

[188] Giulio Carlo Argan, *Arte e Crítica de Arte*, Tradução de Helena Gubernatis, Lisboa, Editorial Estampa, 1988 (entre outras possibilidades editoriais).

aceitável senão em função do seu contexto histórico e sociológico, gerado como um conjunto de inter-relações sempre dialécticas, e dentro do qual cabe também considerar a obra de arte lida à luz da sua condição única e específica.

A obra de arte de qualidade, ou *autêntica*, consubstancia-se, para o autor, como uma filha de um processo que começa naturalmente com a *Ideia* (enquanto imagem mental programada, única e primordial[189]) do criador, e deve medir-se (ou interpretar-se) na sua conformidade com o tempo e com o lugar que ocupa, bem como com a sua própria *utilização* enquanto obra de arte. Para além deste acomodamento, a obra de arte autêntica é *irrepetível, única, coerente, orgânica e progenitora*, porquanto a cópia de falsário derruba-lhe qualquer proveito de *qualidade* e de *autenticidade*. Os conceitos autenticidade, ou qualidade como expressões de veracidade de uma obra de arte surgem agora como uma satisfatória substituição dos tradicionais conceitos, aplicados à arte, que a classificavam como *própria* ou *imprópria*, ou como *feia* ou *bela*.

De forma a divisar uma explicação sintética sobre o método sociológico aplicado à arte, Argan considera que a obra de arte se produz sempre no interior de uma sociedade e numa situação histórica que lhe é específica. O artista é parte activa desse binómio tempo-sociedade, que especifica a procura, a promoção, a recepção, a valorização e a utilização da sua obra[190]. Neste contexto, Argan acrescenta que quando lidamos com os sistemas culturais do passado, devemos sempre lembrar-nos de que o móbil da produção artística passa pelo cruzamento da situação conjuntural específica. Ao mesmo tempo, as obras de arte também são sempre, e de alguma forma, *determinantes* da conjuntura, porque consubstanciam produções, ou construções culturais enformantes. Há, por isso mesmo, uma inter-relação efectiva entre a arte e as conjunturas: se a arte é movida pelo seu sistema conjuntural, ela também tem a capacidade de agir sobre o mundo.

Para Argan, o historiador da arte que opta por um critério metodológico de sabor sociológico tem, necessariamente, de estudar vários conjuntos de integração: os mecanismos

---

[189] Leia-se Erwin Panofsky, *Idea, Contribuición a la historia de la teoría del arte*, trad. Maria Teresa Pumeranga, Madrid, Ensaios de Arte Cátedra, 1989.

[190] Cf. Giulio Carlo Argan e Maurizio Fagiolo, *Guia de História da Arte*, Lisboa, Estampa, 1994.

de encomenda da obra (se a houve), de avaliação do mercado (o gosto do público mediado, ou não, pelo mercado) e até o sistema económico e social do próprio artista. Este processo analítico é, para o autor, de grande conveniência, já que em algumas épocas, a actividade artística é fortemente condicionada pelos centros de poder, reduzindo-se (ou correndo o risco de reduzir-se), nessas alturas, a uma mera operação técnica. Noutros momentos históricos, pelo contrário, são os artistas a assumir integralmente a responsabilidade de produção, agilizando, eles mesmos, a função da arte nos sistemas culturais. Dada esta realidade tão díspar, há que averiguar todas as teias, incluindo a posição social do próprio artista, já que ele pode encarnar um operário manual, ou um artesão qualificado, ou um profissional liberal, ou pode ser entendido como um intelectual, estatutariamente equiparado ao cientista, ou ao literato[191].

Para Argan, o valor, tanto quanto o significado do fenómeno artístico também se prende, inevitavelmente, com a expressão clara de uma *vontade criadora*. O artista promove uma renovada *oferta* aos homens, na medida em que elabora e firma um novo sentido de vida e, por vezes, possibilita um afastamento relativamente ao quotidiano e aos trabalhos mundanos que são, antes de tudo o mais, pura e praticamente utilitários. O papel do artista liga-se (também) com esta dádiva ao mundo de uma nova realidade por viver, ou com a demonstração crítica da realidade em que vivemos. Através da arte pode reconstruir-se o ambiente e toda a humanidade segundo outras, ou novas formas (e fórmulas), e pode conceber-se um novo mundo, com um alinhamento mais positivo[192].

A arte, par Argan, também funciona como um documento, ou como uma fonte viva da história, para além de poder resultar na criação de um novo sistema real. Trata-se de um sistema preso com a história e com a memória das sociedades, porque imensamente ligado ao meio e ao tempo, possibilitando a realização de uma leitura que permite reviver. A necessidade da arte prende-se, para este autor, com o facto de ela funcionar como um inegável garante da

---

[191] Giulio Carlo Argan e Maurizio Fagiolo, *Guia de História da Arte*, … . Vimos já que este critério de averiguação global tem sido usado com garantia e fortuna por vários historiadores da arte (Francastel, Antal, Hadjinicolaou, etc.) inclusivamente em Portugal, com Vítor Serrão que, na sua obra dedicada ao Maneirismo e o estatuto social dos pintores portugueses (— *O Maneirismo e o estatuto social dos pintores portugueses*, Lisboa, Imprensa Nacional-Casa da Moeda, 1983) disponibiliza um exemplo de processo que valida esta metodologia na prática e exercício da historiografia artística portuguesa. Para além desta obra, o investigador tem dado à estampa um sem número de ensaios que seguem o mesmo método de análise que se verifica ser altamente fecundo.

[192] Giulio Carlo Argan, *Arte e Crítica da Arte* … .

essência prenhe do homem, permitindo a continuidade da humanidade enquanto tal. Se a arte deixar de existir, o homem perderá grande parte do seu sentido de vida. A arte e a cultura materiais são importantes garantias de fundamento, enquanto assentamentos totais e macro-estruturais, da humanidade que pretende manter-se. A renúncia às criações artísticas é a renúncia não apenas da arte, mas de toda a história porque, para o autor, as obras de arte são importantes documentos da História da Vida[193].

Importa agora reincidir na proposta de investigação continuada por Carlo Argan, quando afirma que a sociologia considera a arte na sua relação com os poderes políticos e religiosos, com a economia, com as crenças paralelas ou oficiais, com as ideologias políticas, com as tradições e com os costumes. Nenhuma estrutura social deve recusar-se neste sistema de pensamento, porque o seu olvido faz esboroar todas as expectativas do desenvolvimento de uma história da arte rigorosa e científica.

Resta ainda uma palavra presa a outro enfoque privilegiado neste encadeamento de ideias: para quem trabalha o artista? Na sua obra dedicada à arte e à crítica da arte (bem como no seu livro escrito em parceria com Maurizio Fagiolo[194]) Argan afirma que, durante o século XX, o artista trabalha para um *mercado* que é específico, restrito e constituído pelos *compradores* de arte. O papel tradicional do encomendante de artes plásticas, vigorante, *grosso modo*, até ao fim do século XVIII, foi paulatinamente dando lugar a um novo género de apreciadores, ou de receptores. Durante o século XX, é o crítico de arte que, com o seu trabalho, vai alterando, mesmo que indirectamente, os caminhos de desenvolvimento da criação artística, induzindo o mercado e promovendo artistas junto a eventuais apreciadores e compradores. O mercado da arte do século XX acelerou-se, acompanhando a aceleração do mundo, e as constantes flexões, ou alterações de géneros foi também acompanhada pelo crítico.

O mercado da arte contemporânea trasladou-se constantemente e paralelamente à geografia da produção, *versus* consumo, em virtude de vários condicionalismos ligados, *grosso*

---

[193] Estas ideias fundam uma preocupação com os valores patrimoniais. A salvaguarda do património, que é um garante cultural de registo memorial, merece, para este autor, um cuidado extremo, consubstanciando um dever das civilizações. Apoiados no património cultural nos fazemos gente de facto, e se o fizermos desmerecer, estamos a fazer ruir o nosso edifício civilizacional, gerando um impacto tão negativo que nenhuma palavra pode qualificar.

[194] Giulio Carlo Argan e Maurizio Fagiolo, *Guia de História da Arte*, ...

modo, a factores de ordem económica e cultural: a maior ou menor estabilidade económica e social (como por exemplo, as vicissitudes provocadas pelas duas grandes guerras); a dinâmica do gosto das populações (mais ou menos consumistas) que ora pende para a modernidade e para as vanguardas, ora para o tradicionalismo, dependendo, obviamente, dos seus índices de participação, e de informação sobre arte. Paulatinamente, os artistas inovadores vão detendo, no mercado das artes (e ao longo da centúria de Novecentos), uma posição cada vez mais privilegiada e, ao mesmo tempo, verifica-se que os modernos negociantes investem na pesquisa, e na recolha (com intuitos de desenvolvimento) de novos talentos que promovem e instalam num mercado cada vez mais globalizado, agilizado, e com fome de progredir cada vez mais.

Por outro lado, esta *necessidade comercial* vai adequar o ritmo das actividades artísticas às leis da produção e do consumo, catalisando uma sucessão constante de correntes artísticas e o declínio, ou o êxito, de certas faldas estéticas que rapidamente destronam os produtos imediatamente anteriores[195].

As encomendas da actualidade realizam-se, para Carlos Argan, através de um sistema de mercado muito complexo que é, em grande medida, mantido pela crítica da arte. Durante o século XX, um crítico de arte que promove um artista, ou uma corrente cultural e estética, consegue acelerar a sua procura e, consequentemente, molda o mercado à sua justa medida e gosto próprios, e esta característica interliga-se, inevitavelmente, com o facto do moderno coleccionador não ser um verdadeiro amante das artes, mas antes um agente económico que vê na arte uma oportunidade de negócio e de investimento ou, como actualmente se considera, o coleccionador entende a arte na sua *dimensão económica*.

A moderna necessidade de garantir às sociedades uma cultura artística prende-se também com este fenómeno. Mas a indústria da arte (particularmente quando mal governada, ou quando segue objectivos despropositados) despromove a capacidade da arte continuar a consubstanciar-se como uma fonte de conhecimento e de educação críveis. E este afastamento,

---

[195] Giulio Carlo Argan, *Arte e Crítica da Arte* ... .

que consubstancia um substrato reunido em património e legado humanos, acelera-se na medida da aceleração dos seus propósitos comerciais.

Relativamente à questão de debate sobre a função da arte, Argan faz comprometer a produção artística com os sistemas da indústria que lhe são coevos. A arte do século XX, enquanto valor integrado e funcional, e enquanto produção de elementos funcionais (e de fruição) de grande qualidade estética, tem de entender-se também à luz dos novos procedimentos tecnológicos, económicos e culturais, bem como na sua devida relação com os ditames promovidos pelas lógicas de consumo[196].

Para rematar esta síntese sobre as ideias do autor, importa ainda reter que, para Argan, toda «a arte do século XX está, directa ou indirectamente, relacionada com a situação política.»[197]. Para o historiador, a arte contemporânea quer demarcar-se dos sistemas tradicionais, escolhendo *novos caminhos de expressão* orientados no sentido das *ideologias progressistas* que se declaram mais ou menos abertamente como *ideologias socialistas*. As correntes artísticas *avançadas* visam, desde os finais do século XIX, a construção de uma *cultura supranacional*, à maneira de uma *internacional da arte* sobre a internacional dos trabalhadores. Nesta matriz de orientação, Argan encadeia o cubismo como uma tentativa de determinar uma *estrutura objectiva* da forma artística que ultrapassasse toda e qualquer possibilidade de linguagem de fundo nacional. Como sabemos, a posição assumida pelos movimentos de vanguarda é marcadamente ideológica: o futurismo, o surrealismo, o construtivismo soviético, alemão e holandês, etc.. As correntes modernistas do princípio do século XX procuraram, para o autor, uma desejável *racionalidade internacional* da forma, bem como a superação de todas as tradições.

Por outro lado, verificou-se existir, um pouco por toda a Europa do meado do século XX, uma tendência de raiz político-cultural que favorecia a existência de uma *arte de regime* que reivindicava um certo tradicionalismo de afronta e de reacção relativamente aos movimentos

---

[196] A este propósito, consulte-se a obra capital de Walter Benjamin, «A obra de Arte na era da reprodutibilidade técnica», publicada pela primeira vez em 1936 e reeditada em 1992, no livro de colectânea, titulado *Sobre Arte, Técnica, Linguagem e Política*, Relógio D'Água Editores, 1992.

[197] Giulio Carlo Argan, *Arte e Crítica de Arte*, ..., p. 39.

mais rupturais e de vanguarda. Durante esta última centúria, caracterizada também pelo exacerbado *frenesi* e por uma agitação de contrários, o mundo da arte partiu-se entre a *arte do tempo de crise*, assinalada pela fuga à realidade, pela crítica, pela surrealidade temática e pela reivindicação de uma atitude artística de cariz revolucionário; a *arte sem tempo*, que tenta a todo o custo garantir uma paz que, na realidade, nem se vive, nem se promove; a *arte com um fundo e com uma linguagem de feição* (e de critérios) *de internacionalidade*, contraposta depois por um outro esquema de autoritarismo estatal, promotor de linguagens de conteúdo, e formas nacionais e de regime; uma *arte conceptual* e uma outra de *pura forma imediata*; uma *arte incompreensível* para um público que, ao invés de querer minguar-se, se quer cada vez mais lato, e uma *arte popular* e *de massas*, cujas características não cabem neste debate.

***

Num registo mais pessoal, e porque devemos terminar esta breve reflexão, deve dizer-se que o mundo em que vivemos operou, no próprio conceito de obra de arte, uma ruptura. A arte vive momentos consentâneos com a nossa mundividência e com a nossa situação específica no cosmos, necessitando de reler-se e de reafirmar-se o objecto estético-artístico como um consequente e eficaz processo de humanização das sociedades no seu sentido mais amplo. O final do século XX carece mesmo de um novo arrumo de ideias e de um novo comprometimento humano com a arte numa leitura social, estética e histórica, para que o derrube cultural do homem seja travado, a par do travão que tem necessariamente de ser imposto à incúria e ao desrespeito patrimonial, ao desrespeito com que o homem lida com a sua própria espécie e com a vida. O que devemos preservar do passado é tudo quanto devemos saber respeitar para legar, como possibilidade de conhecimento consciencializado do real (natural, humano e objectual) e de enraizamento cultural, às gerações futuras. Não nos devemos negar a essa missão, como seres pensantes e peculiarmente comprometidos com a sobrevivência da espécie...

5. Da arte e da Sociedade

Este pequeno livro de síntese não ficaria terminado se não fossem escritas outras palavras, ainda que breves, sobre outros assuntos que ainda nos interessam. O que acomete dizer-se agora é sobre o que ficou por explicar com os autores dispostos no capítulo anterior, escolhidos de entre tantos pensadores inseridos nos vários ramos do saber relativamente à estética e à sociologia: da estética filosófica, da estética sociológica, da história da arte, da sociologia da arte e da história social da arte.

E o que ficou por desenvolver foi um capítulo dedicado ao(s) público(s) das artes, que agora apenas esboçaremos, com o intuito de abrir caminhos de indagação que podem ser bastante úteis. Isto porque a matéria ligada aos públicos, aos impactos, e à recepção das obras de arte importa sobremaneira à(s) sociologia(s) da arte, como já vimos referindo ao longo destas páginas. É que as produções artísticas, por consubstanciarem *arte*, promovem inevitáveis diálogos com os públicos. E esses diálogos abrem as portas da consciência, promovendo grupos de pensamento que devem estudar-se sociologicamente.

5.1. as ideias de *massificação* e de reprodução da arte com Walter Benjamin

Porque estamos no século XXI, anos volvidos sobre uma fase importante na estruturação de novos públicos cada vez mais massificados, é importante ouvir as palavras de um autor que viveu na charneira deste processo, que foi Walter Benjamin (1892-1940). As suas ideias proféticas ainda hoje sobrevivem no nosso horizonte teórico, favorecendo-nos a pensar sobre este assunto complexo.

Pensou o autor, no seu afamado texto de 1936, titulado «A obra de Arte na era da reprodutibilidade técnica»[198], que as obras de arte foram sempre reproduzidas, com maior ou menor intensidade e qualidade. Não há novidades quanto a este assunto que só veio a sofrer grandes desenvolvimentos quando surgiu a fotografia[199], técnica que colocou à disposição do homem, e a uma velocidade estonteante, a reprodução quase instantânea de imagens. A partir deste momento, particularmente a partir do início do século XX, a reprodução técnica atinge um nível tão tremendo que começa a tornar sua a totalidade das obras de arte do passado, conquistando, paulatinamente, um novo estatuto como categoria de obra de arte, alcançando a fotografia (bem como o cinema) um lugar cimeiro já no âmbito das produções artísticas, e com grande legitimidade, como sabemos.

A reprodução de imagens faz-se, então, mediante critérios artísticos, alterando o modo de ver *a* arte que assim cresce (ou mingua) a partir de dentro, mas arrastando consigo irremediáveis perigos, pois que as reproduções, particularmente as reproduções das obras de arte, mesmo as mais perfeitas, não possuem um elemento essencial que também consubstancia e reitera o seu carácter artístico e que é, para o autor, *o aqui e agora da obra de arte*, ou *a sua existência única no lugar em que se encontra*. Julga-se, a partir de agora, uma nova questão sobre a *autenticidade* das obras de arte, e coloca-se agora uma nova questão comprometedora: serão as reproduções técnicas da obra uma outra obra, ou continua a ser ela mesma?

O âmbito dos problemas relacionados com a obra de arte alarga-se agora, inserindo-se a nova dificuldade nascida do confronto entre a sua autenticidade, *versus* a sua reprodutibilidade técnica. Porque a reprodução de uma obra considera-se, vulgarmente, como uma falsificação, porque a autenticidade de uma obra de arte não é reprodutível, como entendeu Carlo Argan mas, todavia, há formas de arte, tais como o cinema e a literatura, que não podem separar-se

---

[198] Cf. W. Benjamin, «A obra de Arte na era da reprodutibilidade técnica», *Sobre Arte, Técnica, Linguagem e Política*, Col. Antropos, Relógio D'Água Editores, 1992.

[199] Para o autor, a fotografia é o meio mecânico de reprodução que gerou, aquando do seu surgimento, o impacto mais revolucionário, surgindo a par com o socialismo (cf. Walter Benjamin, «A obra de Arte na era da reprodutibilidade técnica», …, p. 83.

do seu carácter de obra tecnicamente reprodutível. Por tudo isto, o grau de autenticidade de uma obra de arte, medido através da sua capacidade de reproduzir-se tecnicamente é variável. Nas palavras de Walter Benjamin, o «que murcha na era da reprodutibilidade da obra de arte é a sua aura. [...] Poderia caracterizar-se a técnica de reprodução dizendo que liberta o objecto reproduzido do domínio da tradição. Ao multiplicar o reproduzido, coloca no lugar de ocorrência única a ocorrência em massa.»[200].

A verificação de uma massificação da arte é paralela à verificação da massificação do público. Na época contemporânea essa massificação é instantânea, ou praticamente imediata, porque os meios tecnológicos de que dispomos assim no-lo permitem. E que consequências para a arte, e para os públicos, advêm desta conjuntura? O acesso rápido e bastante fácil às produções artísticas (mais ou menos relevantes), reproduzidas através de mecanismos tecnológicos, acompanhou a massificação da educação e da cultura, gerando assim, e também, novos artistas *potenciais*. É que se durante a Idade Média, um indivíduo desconhecia que podia realizar esculturas, ou pinturas, se vivesse longe dos centros de exercício e de produção, na actualidade os indivíduos conhecem essas realidades, compreendendo ainda, e se quiserem, os seus métodos de fabrico, passando então a produzir esses artefactos, se assim o entenderem. Mas este processo de livre acesso também cumula outro, já que a ideia de *talento artístico* como força motriz para gerar artistas com valências únicas e com aptidões específicas, menospreza-se nesta torrente da *cultura* processada e alcançável.

É precisamente neste sentido que podemos dizer, mesmo depois das palavras escritas por Walter Benjamin em 1936, que na actualidade, e referindo agora o caso português, ainda há quem acredite, piamente, que a grande maioria dos sujeitos que praticam determinadas actividades tais como cantar, ou escrever, ou pintar, ou tocar viola ou flauta são artistas. Neste sentido, assistimos hoje a um crescimento exponencial de cantores auto-intitulados artistas, e que os *media* identificam como tal na medida da crescente procura por determinados programas de entretenimento público. Mas este crescimento de artistas não é a nossa realidade

---

[200] Walter Benjamin, «A obra de Arte na era da reprodutibilidade técnica», *Sobre Arte, Técnica, Linguagem e Política*, ..., p. 79.

de facto. A realidade é que o acesso massificado à rádio, à TV[201] e aos meios de reprodução massivos de conteúdos musicais (por exemplo), abrem os horizontes aos indivíduos que nunca tinham sequer imaginado poder vir a exercer uma profissão relacionada com a música. Passando a exercê-la, constroem, por vezes tão admiravelmente (até para os próprios), um público tão imensamente satisfeito que assim vai destruindo o registo de substrato que as cantigas deviam, de facto, possuir, enquanto entidades artísticas convincentes, e convenientes.

A massificação e a reprodutibilidade técnica das obras de arte desenvolvem um ambiente maniqueísta. Se por um lado a democratização da cultura é um bem almejado pelas civilizações avançadas, por outro ela promove um espírito pouco atento, pouco selectivo, e realmente pouco interessado, porque o bem deixou de ser um *Bem*, para passar a banalizar-se indiscriminadamente.

Walter Benjamin disseminou uma ideia fundamental quando verificou, a propósito da escrita que, durante grande parte da História, o número de escritores era bastante menor relativamente ao dos leitores mas, com o avançar dos tempos, particularmente a partir do início do séc. XIX, verificou-se uma inversão do processo, porque o advento da imprensa assim no-lo proporcionou, e uma grande parte dos antigos leitores passou a escrever. Conclui o autor, que a «diferença entre autor e público está prestes a perder o seu carácter fundamental. Esta diferença torna-se funcional, podendo variar de caso para caso. O leitor está sempre pronto a tornar-se um escritor. [...]. A competência literária deixa de ser fundamentada numa formação especializada para passar a sê-lo numa formação politécnica, tornando-se deste modo em bem comum»[202].

---

[201] O número crescente de programas a que a radiotelevisão portuguesa aderiu, especialmente entre o meado dos anos 90, e o início deste século, como forma de entretenimento domingueiro, em que supostamente se dão a conhecer novos *talentos* artísticos mas que na realidade funcionam como reais mecanismos de dessensibilização e de analfabetismo, são exemplo do que pretendemos referir. Confunde-se a prática de uma actividade com arte, e as questões presas com o talento e com a qualidade artísticas vêem-se assim moribundas.

[202] Walter Benjamin, «A obra de Arte na era da reprodutibilidade técnica», …, p. 97. Este fenómeno desenvolveu-se mais ainda, e na conformidade com as previsões do autor, com o advento da blogosfera, entre outras ferramentas de disseminação online, que transformou uma massa ainda por contabilizar de leitores, em pessoas que escrevem (porque não podemos identificar todos esses indivíduos, mas apenas uma brevíssima porção deles, como escritores, na verdadeira e tradicional acepção da palavra).

Interessante é também verificar como a reprodutibilidade técnica da obra de arte altera a relação das massas com a própria arte. Walter Benjamin apurou que a reprodução de um quadro de Picasso (entre outros, diríamos agora) provoca retornos reaccionários, facto que não se proporciona frente a um filme de Chaplin. Os comportamentos progressistas possuem uma íntima relação com o público especializado, e as atitudes de repúdio e de aversão relativamente ao novo são uma consequência da massificação e do grosso *da incultura das massas*[203]. Por outro lado, o público especializado não aplaude intensamente a reprodução de determinadas obras de forma indiscriminada, por reconhecer que *o real valor social da obra em causa se perde com a sua intensa massificação*[204].

Outro caso prblemático efervescente é o que diz respeito ao facto das obras de arte da actualidade, e para o grosso da população, se medirem em valor qualificado pela sua capacidade de *gerar espectáculo*, ou de gerar mecanismos de entretenimento fácil[205]. Tudo o resto, ou a arte especializada, se assim lhe quisermos chamar, passa às fímbrias do esquecimento[206]. A apreciação da pintura (ou da escultura, ou outras práticas artísticas) contemporânea *in situ* é menos garantida do que a apreciação de um filme (especialmente se esse filme for uma comédia, ou uma grande produção prenhe de efeitos especiais)...[207].

A reprodutibilidade das obras de arte gerou novas *circunstâncias artísticas*, acelerou as estatísticas relativamente à quantidade de obras produzidas (e reproduzidas) e acelerou, em

---

[203] Já falámos deste assunto neste livro, quando dispusemos sobre os impactos de uma obra de arte nos públicos.

[204] Para além deste problema há ainda um outro, preso com o real valor da obra na sua forma reproduzida. Exemplo deste fenómeno, e de outros relacionados, é o caso da imensa reprodução da Mona Lisa de Leonardo. A grande parte dos espectadores da obra *in situ* reage com um sentimento de desilusão.

[205] Adorno reflectiu bastante sobre problema, como já vimos, entendo o mesmo que agora se escreve.

[206] Exemplo desta situação é o facto de alguns cantores mais populares orçamentarem os seus concertos, com garantias de pagamento efectivo das quantias exacerbadas, no triplo dos orçamentos estabelecidos por bandas, ou grupos musicais de reconhecido mérito artístico. Na realidade, o *espectáculo simplório* e aculturado possui um público mais fiel e garantidamente mais amplo do que os espectáculos eruditos e de elevada qualidade estética e artística.

[207] E, do mesmo modo, o impacto de um filme norte-americano versando *lugares-comuns* também é maior do que a de um filme europeu com conteúdos mais intrincados. O final do século XX é o tempo do facilitismo (também intelectual), porque a pensar esgotam-se as forças necessárias para a sobrevivência. O tempo, e a sua gestão, face à quantidade de mundo consubstanciam, justamente, questões fundamentais, e que assolam o homem contemporâneo...

grande medida, o decréscimo de qualidade dessas realizações. A reprodutibilidade técnica elimina a *aura* da obra de arte, conforme adivinhou Benjamin, e também eliminou o frémito, ou a pele de galinha de que nos falou Adorno, como experiência estética fundamental. Porque se o *arrepio* que (eventualmente) sentimos a ouvir um CD em casa é por todos considerado, se não ouvirmos o concerto correspondente ao vivo, nunca chegamos a sentir o que de facto deveríamos sentir, ou a experiência sensível e intelectual total que a obra de arte nos pode e deve proporcionar.

Importa ainda reter que a obra de arte produzida, independentemente do tempo do seu fabrico (e também da sua duração) é sempre diferente da obra de arte recebida. A obra de arte, seja ela veiculada através de uma imagem, de um som, ou de um texto (entre outras possibilidades) carrega quase sempre um determinado (variável) grau de polissemia e, também de ambiguidade e de texto inacabado. Por outro lado, o receptor ainda acrescenta a obra que tem perante si, com o seu mundo particular, tornando-a por isso ainda mais diferente do que ela era aquando no seu nascimento, e longe do olhar público. A forma como o receptor apreende e interpreta a obra de arte altera-a, assim como a altera a forma como o receptor a percepciona, já que a visão também é criativa (o sujeito vê, de facto, com o cérebro, servindo-se para isso, dos seus olhos), gerando assim as suas explicações, e elas estão de acordo com os seus mecanismos de tolerância, de pregnância, de motivação, de aprendizagem, de empatia e de memória que, conjuntamente, actuam sobre o material percepcionado com intensidades variáveis.

Walter Benjamin (a par de Theodor Adorno e de Herbert Marcuse entre outros pensadores da Escola de Frankfurt) encetou um caminho teórico que ainda está por encerrar, na medida da aplicabilidade dos seus conceitos e das suas ideias a um extenso leque de manifestações artísticas, bem como a um extenso grupo de idades históricas, mesmo no âmbito da contemporaneidade. A ideia de obra de arte esvaecida de aura serve como conceito de operatividade em densos âmbitos de trabalho que procuram sobre o impacto dessas obras nos seus públicos. Ainda assim, as ideias de Benjamin sobre a arte não podem ler-se sem entender-se a realidade da sua própria vida e da sua própria condição, enquanto sujeito activo num mundo que perecia sob o jugo dos fascismos europeus e, depois, do nazismo[208], conjunturas destrutivas que colocavam ao autor inquietudes viscerais: que lugar cabe às vanguardas e aos tradicionalismos, que lugar compete à arte tem tempo de destruição (o binómio *aura-ruína*), que potência cabe às políticas no campo da construção artística, que relação pode estabelecer-se entre a arte e a sociedade, no tempo em que a realidade social é a da sociedade de massa, e o que torna o cinema numa realidade de massa…?

Desafortunadamente, Benjamin não viveu o suficiente para colocar à prova as suas ideias que ficaram por completar, entre a arte e a realidade da reprodutibilidade técnica, ou entre a arte e a sociedade de massa…

5.2. Os públicos e os mercados da arte

Como temos vindo a defender, em sociologia da arte devem considerar-se o artista (como autor), a obra (como meio) e o receptor (os públicos). Trata-se de um conjunto de entidades inter-relacionadas (e inter-relacionais) que tem de funcionar como um *sistema integrado*. Nesta dinâmica, entende-se que uma obra de arte é sempre criada com uma finalidade, ou com várias, que é provocar um, ou vários *efeitos* em alguém, ou em alguma situação. A finalidade da obra de arte correlaciona-a com os grupos que a recebem, suturando pessoas a pessoas, e pessoas a grupos, com grande relevo sociológico. Em sociologia da arte interessa também aferir sobre a quantidade e a qualidade dos efeitos da(s) obra(s) de arte(s), em que grupos ela provoca admiração, riso, ou choro, ou reflexão, desmerecimento, ondas de repúdio, ou afasia… Quem recebe uma obra (ou um grupo de obras) determinada, e como a recebe, consubstancia um problema que a sociologia da arte actual também entende como seu.

Porque a noção de *público da arte* é sempre tão imprecisa, só um estudo sério sobre este tema consegue alcançar resultados, ainda que sempre muito parcelares. À primeira vista, o público de uma realidade artística é o conjunto de receptores, ou de espectadores dessa mesma realidade. Trata-se do grupo para o qual o artista, ou o conjunto de artistas, *fala*. Entendendo

---

[208] Recordemo-nos de que Walter Benjamin era um judeu alemão e que viveu a sua vida madura atormentado com a ideia da sua própria morte, facto que, directa ou indirectamente, contornou a sua obra. A sua morte, ainda envolta em inúmeros mistérios, ocorreu em 1940, no decurso da sua fuga, atormentado com a ideia de poder vir a ser entregue à Gestapo.

nós que uma obra de arte se impõe pelo propósito de comunicar, ou simplesmente de estabelecer relações com o outro que a recebe, não podemos conceber uma obra de arte sem público. Caso a obra não seja capaz de estabelecer essa relação simbólica e funcional com o receptor, perderá o seu significado e a sua consideração de objecto estético com propósitos, passando a ser outra coisa. A obra de arte consubstancia um objecto estético carregado de intenções, e é por isso que ela não é o mesmo que um objecto vulgar.

Na verdade, o público da arte concretiza uma massa em constante transformação, e que tem vindo a acompanhar a produção artística desde os primórdios da humanidade. Desde as mais remotas pinturas rupestres à Antiguidade Clássica, os públicos foram-se alterando, bem como os propósitos da produção das imagens, ou dos edifícios, ou das esculturas. Sob o ponto de vista do artista, também as intenções da prática foram divergindo com o tempo. Chegados à Idade Moderna, os artistas trabalham para grupos sociais específicos que, por sua vez, encomendam as obras de arte diligentemente, e por amor ao Belo, mas também com outros propósitos mais específicos. Tratando-se de uma pintura de cavalete, ou de um edifício religioso, as intenções do encomendante variam, assim como passa a alterar-se o âmbito humano que lhes acede. Este público nem sempre consubstancia o grupo restrito de encomendadores, espraiando-se dos grupos sociais mais cultos e abastados para o povo, que, por sua vez, empreendia outras leituras dos objectos produzidos, conforme às suas próprias expectativas, e ao seu microcosmo cultural. Chegados à contemporaneidade, os grupos de encomendadores alteram-se e minguam, na relação com a quantidade de obras produzidas. O artista é já outro sujeito, entendido como um autor que pratica a sua arte para a colocar no mercado[209]. Na realidade, o artista contemporâneo produz para determinados grupos sociais, mais ou menos densos, mais ou menos massificados, dependendo da sua prática, bem como das suas intenções, e ainda da sua capacidade (artística e técnica) de gerar efeitos. Na idade contemporânea estabeleceu-se existir um mercado artístico, com as suas regras e costumes, e com as suas práticas específicas, que agilizam a produção que assim vê alterado o seu espectro de intenções. Esta parceria de intenções molda, de forma muito imbricada, a experiência

---

[209] Excepções feitas ao arquitecto, que trabalha muito por encomenda, ou a outros agentes ao serviço de instituições, ou de comunidades, para dar apenas um exemplo.

artística, que assim vai revivescendo em devires constantes. O artista e o seu público enformam e garantem a existência de objectos estéticos intencionais.

Na actualidade, à medida da velocidade dos acontecimentos estéticos e artísticos[210], torna-se praticamente impossível precisar os grupos de receptores que cada acontecimento artístico acaba por gerar, ou seja, é praticamente impossível determinar um receptor colectivo e com características comuns para cada momento estético e artístico[211]. É claro que, na actualidade, não há *um* público, como entidade una e pregnante, ou significante, para a grande produção artística, como também não existe um grande grupo de produção artística com características mais ou menos comuns. Actualmente, a produção espalha-se por vários movimentos que caminham em sincronia, e há grupos de artistas que trabalham para grupos económicos, e socioculturais, com características determinadas (e determinantes), grupos estes que não são estanques, mas muito fluidos, tal como os próprios movimentos artísticos que se transformam com a mesma agilidade. Por outro lado, os vários públicos, bem como a produção de objectos estéticos intencionais, entendem-se agora a uma nova escala global. A globalização trouxe de tudo ao mundo contemporâneo, globalizando, com a mesma garantia de método, os públicos da arte.

Alexandre Melo, na sua obra *O que é a Arte*[212], explica, de forma sucinta e muito clara, a dinâmica *do sistema da arte contemporânea* que divide em três dimensões: a dimensão económica, «ou a arte como mercadoria», a dimensão simbólica, «ou os objectos de excepção», e a dimensão política, «ou as verdades do Estado». No que concerne à primeira dimensão do sistema artístico, ou à sua dimensão económica, Alexandre Melo aplica três instâncias de envolvimento, que são a produção (a actividade do artista), a distribuição (os vendedores) e o consumo das obras de arte. Importa salientar que, para o autor, à instância do consumo

---

[210] Comparemos o tempo de permanência do Renascimento, ou do Barroco, com o tempo de permanência do Dadaísmo, entre outros.

[211] Recordemos o tratado de Frederick Antal já referido (— *El mundo Florentino...*), que defende, sem grandes dificuldades, que a moderna pintura moderna florentina é o reflexo material do ideário mental dos grandes produtores e comerciantes de lã, grupo que fez despoletar o processo capitalista e que, ao mesmo tempo, desenvolveu o mercado da arte.

[212] Alexandre Melo, *O que é a Arte*, Lisboa, Quimera Editores, 2001. O texto original foi dado à estampa em 1994.

«corresponde [...] a actividade dos compradores, coleccionadores particulares ou institucionais, privados ou públicos», sem incluir o público «em sentido amplo como consumidor final», por entender que o seu papel «é mais significativo noutras dimensões.»[213]. A dimensão simbólica do sistema é o lugar da inserção da arte contemporânea na sociedade, embora sempre em articulação com a dimensão económica do sistema artístico, mas com grande interacção cultural. Isto é, a «dimensão simbólica é o veículo de uma validação e legitimação cultural ao nível da sociedade global»[214], empreendida pelos agentes que discursam, ou discorrem sobre a arte contemporânea (no caso, os comentadores e os exibidores, para além dos curiosos). É o Estado que, para Alexandre Melo, encarna a dimensão política do sistema, e que, através de meios tais como os apoios e subsídios institucionais, e promovendo uma política cultural e educativa, através dos seus agentes mais ou menos especializados, possui as ferramentas essenciais para chegar a um público de largo espectro.

Ainda dentro deste âmbito de reflexão, deve salientar-se que na actualidade, o papel do Estado, neste sistema, não está ainda plenamente definido, devido à sua extensa permeabilidade e adaptabilidade às próprias sociedades que ele pretende dirigir. De facto, a gestão do gosto não pode consubstanciar uma competência dos Estados, mas os Estados, através dos seus mecanismos, acabam por moldar *espécies de gostos*, particularmente os das massas que aderem, com maior ou menos complacência, às suas promoções. Neste sentido, e de uma maneira geral, os movimentos de vanguarda (mais ou menos contestatários) situam-se fora do controle do Estado, e escapam à maioria dos cidadãos, que lhes passa ao lado por incapacidade, ou por impreparação para entender o discurso que estes acontecimentos estéticos particulares pretendem veicular. E esta dinâmica irrompe directamente no terreno do mercado da arte e, alastrando de forma ameaçadora, origina pressões que intentam a transformação desta conjuntura que acaba por ceder.

5.3. Para quem trabalha o artista?

---

[213] Alexandre Melo, *O que é a Arte...*, p. 30.

[214] Alexandre Melo, *O que é a Arte...*, p. 36.

Evidentemente, e apesar dos esforços empreendidos, ainda não pode determinar-se se primeiro terá surgido a obra de arte ou a sua necessidade mas, ainda assim, consegue adivinhar-se que a obra de arte gera inevitáveis, e outras tantas necessidades. A obra de arte, logo após a sua primeira manifestação, também terá gerado os seus públicos que assim se foram comprometendo com ela, alterando os seus horizontes de expectativa. A criação seja ela artística ou não-artística, acompanha, numa linha diacrónica, o caminho da sua eterna descoberta. A produção artística e a sua leitura e interpretação consideram-se como duas actividades com um destino comum, e eternamente a par uma da outra. Trata-se de uma parceria singular e complexa feita da invenção (comprometida) e dos seus *efeitos* na, ou de recepção[215]...

Viajando agora mais e mais no tempo[216], e abandonando o tempo do início dos homens que, como seres criativos, desenvolveram desde cedo a sua capacidade de expressão artística, situemo-nos agora na nossa idade, para que possamos divisar que as obras de arte, por vezes, não conseguem alcançar o público da forma como o seu autor pretendia, alcançando outros, nunca por ele divisados, o até nenhum. Neste caso, pode dizer-se que o elo de ligação consertado entre o criador e o seu receptor terá falhado, ou que o meio através do qual a mensagem pretende fazer-se passar, foi comprometido. O distanciamento entre a obra e o público pode acontecer por vários motivos, ou por vários factores interactuantes que subverteram a ordem de actuação do circuito da linguagem.

---

[215] Dabney Townsend também explora, mas sob a perspectiva do esteta, a relação dos públicos com as obras de arte e chama a atenção para um período que requer (a nosso ver) ainda muita investigação de campo. Trata-se da intenção do artista durante a longa Idade Média. Para a estética neoclássica do século XVIII, escreve o autor (— *Introdução à Estética…*, p. 175), a estética didáctica: «resumia-se na ideia de que a arte tinha como missão instruir agradando. A relação do público com a obra de arte era, fundamentalmente, uma maneira de participar em algo que, além de importante, era igualmente agradável e, portanto, mais fácil de alcançar. […] A esta relação do público com a obra de arte pode dar-se o nome de estética participante ou comunal. A observação ou a leitura exclusivamente em privado eram vistas, nessa perspectiva, como corruptas ou perigosas, uma vez que lhes faltava o elemento comunal.».

[216] A relação da arte com os públicos constitui um tema tão vasto que requeria um livro particular. Trata-se de uma relação que foi sofrendo o que os naturais desenvolvimentos históricos lhe incutiu. Aliás, se quiséssemos fazer uma análise dos tempos mais curtos, somente durante o século XX, a centúria da aceleração dos tempos e das vidas, emergiu uma torrente de acontecimentos tão díspares que demandou múltiplas consequências neste âmbito de análise específico. Os públicos e as obras estão em permanente equilíbrio instável, promovendo o devir das artes, e promovendo o próprio devir cultural dos públicos. Esta dialéctica desencadeia mundos ainda por descobrir.

Destaquemos, de forma muito sumariada, alguns motivos através dos quais pode falhar a ligação dos criadores artísticos com os públicos na actualidade. Num primeiro lugar (escolhido ao acaso), sabemos da existência de obras que, pelo seu elevado grau de *vanguarda*, não cabem no horizonte cultural de um determinado tempo e espaço. Essa *modernidade excessiva* da obra de arte pode provocar vários efeitos, a saber: um elevado gáudio pelo novo, o repúdio, ou a afasia (ou indiferença). Os grupos sociais que sentem grande entusiasmo pelo novo e que o recebem em devido tempo são, geralmente, minoritários e constituídos por sujeitos mais jovens, tendencialmente mais disponíveis para a recepção do *original* e do *contestatário*. A par da idade, estes grupos costumam distinguir-se pelos índices culturais, mais elevados e dispostos, de uma maneira muito geral, a cultivar o novo entendendo-o como uma reacção que permite o progresso, ou o devir do conhecimento e, inerentemente, das sociedades.

Os grupos sociais que repudiam as obras excessivamente modernas, em determinados contextos de surgimento, caracterizam-se, de uma forma tendencial, pela incapacidade cultural de adesão aos acontecimentos (artísticos) rupturais, preferindo, de uma forma prenhemente tradicional, tudo o que estiver de acordo com os gostos vigentes, ou com a cultura artística mais espessa e vigorante. O novo, para estes grupos, também pode ser ininteligível e, por isso mesmo, ganha foros de repudiação. Estes grupos de rejeição relativamente ao novo constituem-se, *grosso modo*, por indivíduos de cultura média tradicional e, na actualidade, situam-se no que se convencionou chamar a *meia-idade*, ainda muito coadjuvada a códigos de conduta (e também psicológicos e sociais) mais longos.

A *indiferença* relativamente ao novo estima-se existir numa densa massa de população em determinadas sociedades e tempos. Trata-se de um grupo caracterizável pela *incapacidade* de reconhecimento do que é novo, por real incultura e dessensibilização. Esta casta volumosa de sujeitos, existentes em todos os níveis etários e sociais, não possui quaisquer preocupações com os assuntos inerentes aos acontecimentos artísticos e, por esse motivo, *passam ao lado dos casos*, característica que ajuda a reconhecer grupos massivos no interior das sociedades (e persistentemente, ao longo da história). Nas sempre belas palavras de Antoni Tàpies, um «homem vazio de imagens, sem imaginação e sem a sensibilidade necessária para que se desencadeiem no seu interior associações de ideias e de sentimentos, não verá nada. [...] O facto de muitos não compreenderem deve-se única e exclusivamente a não terem disposto de meios para cultivar a sensibilidade, não só para o entender a ele, mas também para entender qualquer outra manifestação cultural.»[217]. Quando a vida quotidiana impõe ritmos e preocupações práticas que afogam o tempo que os sujeitos poderiam dedicar às coisas da arte que, de uma forma global, não tornam a fome em fartura, impõe-se a afasia em relação ao que de novo surge em territórios estéticos e artísticos.

Por outro lado, casos há em que determinada obra de arte não gerou impacto, ou reacções em determinado público por não chegar a consumar-se (como obra de arte, ou como objecto estético intencional), ou por não acrescentar nada de novo e de aliciante, nos tecidos sociais vigorantes (e vigorosos), fundando-se na extensa normalidade do comum, ou do mais inerte dos acontecimentos banais. A arte precisa de *respirar por si*, em lufadas constantes de luz, para assumir-se em determinados contextos de recepção, ou falhará, perecendo às mãos do anonimato[218] e da morte anunciada, simplesmente porque não se fez notar, ou porque não chegou a dizer-se. Nesta circunstância, o objecto estético falhou na intenção, mantendo-o na mudez que o fez desaparecer.

Pode ainda acontecer que obras *assintomáticas*, ou afastadas dos valores que as poderiam proclamar como obras de arte autênticas e verdadeiras, venham a ser reconhecidas como entidades artísticas de grande valor anos, ou mesmo séculos mais tarde. Quer isto significar que uma obra considerada artística nos nossos dias, nem sempre foi qualificada dessa maneira, no decorrer dos anos. E este é um facto real, também porque as obras, aquando da sua produção, cumpriam outros propósitos, por vezes presos apenas com aspectos utilitários, ou práticos, e sem intenções estéticas, ou artísticas, ou simplesmente porque foram realizadas por artesãos, sem a estirpe dos grandes mestres que a História tradicional fez vingar... Uma obra que vai mudando a sua função ao longo do tempo da sua sobrevivência, vai-se imiscuindo, paulatinamente, com os seus novos públicos que a acrescentam, por força do seu (re)conhecimento, com outras garantias que a remodelam. Por outro lado, pode ainda acontecer que obras concebidas por meros artesãos (mais ou menos anónimos), não

---

[217] Antoni Tàpies, *A prática da arte*, ..., p. 40.

[218] Anonimato este que não tem ligações com o autor da obra ser ou não conhecido, mas com o facto de tratar-se de uma obra que não ganha nome e nem realce no panorama artístico (ou no mundo das artes) em que surge.

provocaram no público coevo o estrepitamento que, séculos depois, e porque a sua nova assistência estava já preparada para a receber, viria a provocar.

Estes acontecimentos confirmam que, para a leitura consertada de uma obra de arte, qualquer que seja (erudita ou popular), realizada há vários anos, deve ser estudada na sua conjuntura de surgimento, através dos registos (ou as fontes) de época que sobre ela foram feitos, ou não (os índices de reacção), através do estudo comparado com outras obras coevas e existentes no mesmo espaço…, entre outras tantas fontes, as mais que possam arrolar-se para o efeito, que é, afinal, o seu real exalçamento enquanto objecto que vive no tempo, e que com o tempo se transforma. Trata-se de uma investigação que procura a *imersão* global no tempo e no lugar do nascimento, e nos recantos do desenvolvimento de uma obra, como forma de captação de todos os seus *sinais*, ou da ausência deles (que também pode interpretar-se), com o intuito de reanimar o espécime, e de o recolocar no seu devido lugar. Este processo analítico estima-se como válido para qualquer produção do passado, porque este é o modo, traçado aqui apenas como um esboço muito incompleto, de reanimação de uma sociedade feita de homens.

A ideia de que o artista desempenha um papel activo e importante no terreno sociocultural (e também da economia e da educação e dos sistemas políticos…) de uma determinada sociedade é muito recente, nascendo com a assunção da *liberalidade da arte*[219]. Durante o Renascimento italiano *a causa do estatuto social do artista ganha renovados sentidos*, porque afinal o artista (particularmente o pintor) trabalha com a razão, ultrapassando-se a ideia tradicional da *mecanicidade* da actividade artística, que era entendida, até então, como outra qualquer laboração artesanal. Leonardo da Vinci, entre outros pensadores que não vamos sequer aflorar neste texto, alertou a intelectualidade coeva para o facto de a pintura ser *cosa mentale*, disseminando-se esta composição teórica como uma ferramenta eficaz para a valorização das actividades artísticas como práticas intelectuais[220]. O caminho lento, que toma

---

[219] No sentido em que a arte é concebida através da acção do intelecto, e do uso das 7 Artes Liberais.

[220] Em Portugal e em Espanha, foi somente durante o Maneirismo (sécs. XVI-XVII) que os artistas ganharam ânimo e disposição para uma luta de reivindicação libertária relativamente aos mecanismos de suturação medieval corporativa. Na pesquisa levada a cabo por Vitor Serrão sobre o estatuto social dos pintores portugueses durante o maneirismo (— *O Maneirismo e o estatuto social dos pintores portugueses*, Lisboa, Imprensa Nacional-Casa da Moeda, 1983, p. 57) lê-se que: «A emancipação do artista, saído dos grilhões do aparelho corporativo e guindado socialmente, do nível de operário assalariado ao nível dos poetas e dos juristas, vai encontrar novas motivações com o surto humanístico do Renascimento. A Itália do Quattrocento é neste sentido perfeitamente esclarecedora

lugar com a nova disposição do artista no tecido das sociedades, gerou importantes alterações no *mercado das artes*. Alterações estas que também têm de ler-se na medida da complexificação do próprio sistema das artes, com a sua natural ampliação e internacionalização, e com o reconhecimento de novos géneros artísticos, como se tem visto.

A existência de mercados artísticos não é uma realidade contemporânea. O mercado da arte sempre existiu, porque a arte, consubstanciada em objectos de reconhecidos valores estéticos e intencionais, integrou, desde a origem dos mecanismos de troca, este sistema mercantil. Durante a Antiguidade Clássica a quantidade de objectos artísticos mais ou menos requintados e preciosos era imensa, e a sua produção era feita em moldes praticamente industriais, escoando-se por um extenso mercado, e dando-se a conhecer através de exposições organizadas para o efeito. Durante a Alta Idade Média, o mercado das artes sofreu um *recuo* que viria a terminar no dealbar do Renascimento, que foi uma época de grandes intercâmbios comerciais a todos os níveis, surgindo então um novo *sistema nas trocas*, conhecido por mecenato (patrocínio), e que viria a *impregnar* o mercado moderno[221], alterando os esquemas de produção e de recepção das obras de arte, particularmente das obras de arte plásticas. Com o desenvolvimento da economia surgem famílias (burguesas) endinheiradas que desenvolvem o gosto pelo coleccionismo de peças, transformando os seus palácios em requintados museus privados.

---

de uma redefinição do estatuto do artista plástico. Mas se nesta altura se torna decisiva a intervenção dos humanistas em prol da produção artística e dos seus cultores — como claramente se constata no tratado *Della Pittura* de Leon Battista Alberti (1436) ou nos escritos de Leonardo da Vinci a propósito da cientificidade do processo criativo —, não é menos verdade que as lutas reivindicativas dos artistas assentam em razões mais profundas, de ordem económica e social.». A ideia da *liberalidade do artista* inicia-se num processo lento de emancipação do espaço do artista no território do mundo. Em Portugal, foi somente a partir do meado do século XVI que se operou essa lentíssima transformação no que diz respeito ao estatuto de alguns artistas plásticos, particularmente no seio do grupo dos pintores a óleo: «No quadro desta profunda transformação ideológica, sócio-económica e cultural, pode compreender-se melhor a luta reivindicativa dos pintores de óleo desde o seu estatuto secular de artesãos mesteirais até ao estatuto elevado de produtores-criadores de arte, assim significativamente elevados na consideração social do seu tempo. Essa luta explica-se no seio do movimento de modernidade maneirista — e no quadro das históricas transformações económicas que levaram à definição de um novo sistema capitalista.». Vitor Serrão (— *O Maneirismo e o estatuto social ...*, pp. 73 e ss.) explica ainda como a movimentação dos pintores de óleo contra a tutela da Bandeira de São Jorge se ficou a dever, em grande parte, à petição feita pelo pintor Diogo de Teixeira em 1577 à Câmara Municipal de Lisboa; em 1612 ocorreu uma violenta demanda de pintores e firmava-se um longo processo de luta pela liberalidade e nobreza da arte de pintar em Portugal.

[221] Mas durante grande parte da História (da arte) não foi aplicado o conceito de mercado para designar o intercâmbio comercial feito por entidades (civis, religiosas, institucionais, corporativas ou outras) que adquiriam obras de arte, e pelos próprios artistas (individuais ou em grupos, ou servidos por intermediários).

Em Paris, já durante o século XVIII, os *Salons* de arte promovem novos *programas de mercado*, editando *catálogos* que permitiam desenvolver, qualitativa e quantitativamente, um género de público que passa a frequentar exposições e que se especializa, activando o hábito da crítica de arte que, devagar, passa a influenciar os compradores, os admiradores, e o gosto geral. Durante o século XIX, a crítica de arte já fazia parte do quotidiano da prática, bem como da recepção das obras de arte, e o desenvolvimento do estatuto do artista, enquanto elemento activo e intelectual com influência social, permite aos criadores realizarem as suas exposições individuais, tentando alcançar o público e entrar nas malhas do mercado mais alargado e democratizado, abrindo-se então as portas ao sistema das galerias de arte. O poder do comércio, e dos comerciantes de arte cresceu exponencialmente e, chegados ao século XX, os *marchants* dos artistas consideram-se como uma casta dominante e prenhe de poderes (económico, social e até político). Mas a grande crise económica de 1929 ameaça dilacerar este sistema que, a par das duas grandes guerras mundiais, vê-se alterado durante quase um século. Se o grande mercado da arte esteve centrado na Europa, ele passa então, e rapidamente, para os EUA, acompanhando uma queda vigorosa dos preços dos artigos, e uma transladação intensa de colecções e de coleccionadores.

O mercado da arte actual está, como já vimos, muito subordinado aos novos mecanismos que o influenciam, tais como o crítico da arte e o ensaísta, mas também os produtores e os curadores, bem como determinadas instituições tais como as fundações, e as modernas entidades bancárias, e os próprios Estados que, com as suas preferências, alteram o valor comercial de certas obras e de certos artistas. A intervenção, ou não, destas entidades cimeiras na hierarquia do sistema artístico contemporâneo, promove movimentos aglutinadores em torno de determinadas formas e práticas artísticas, e em torno de determinados artistas, e de movimentos. Acompanham este sistema de mercado, elaborados mecanismos de propaganda e de publicidade, processos a que nunca, até aos nossos dias, havíamos assistido a tão grande escala e especialização (e de internacionalização). Desde os finais do século XX que o mercado da arte assiste a constantes oscilações, ora enfrentado crises profundas, mas rápidas, ou pequenos momentos de grande euforia, dependendo dos ciclos curtos das economias mundiais.

O gosto pela arte especializada (e erudita) também consubstancia um luxo na actualidade, como foi durante séculos a fio. Trata-se efectivamente de um aparato *sociocultural* para alguns grupos que aderem a determinados acontecimentos artísticos, promovendo-se, dando-se a conhecer e propagandeando-se. A aquisição de obras de arte tornou-se, como sabemos, num sólido investimento, e, consequentemente, o mercado da arte actual está perfeitamente integrado no sistema capitalista que o rege com grande naturalidade[222]. Todavia, e ainda assim, destes grupos de compradores também fazem parte alguns sujeitos que estão realmente interessados na realidade artística, vivenciando-a e usando-a como utensílio densamente cultural.

Cumulativamente a este processo de mercantilização, assiste-se a um recrudescimento da actividade teórica e crítica empreendida pelos próprios artistas que, escrevendo sobre a teoria da arte que praticam, ou sobre a sua prática (filosófica), ou sobre o ambiente artístico em que se movem, provocam ondas e sobressaltos em determinadas regiões sociais, capacitando o mercado a fluir noutras direcções, a expandir-se, ou até a acanhar. Estes esforços empreendidos pelos artistas capacitam-nos, cada vez mais, a entender que o artista trabalha para as sociedades, e nas sociedades, mas nem sempre com a mesma causa. Casos há que demonstram, expressamente, que o artista quer manter-se fora dos sistemas, deprimindo ou ampliando, para isso, o potencial sociológico do seu trabalho. Noutros casos, o artista esforça-se pela integração nos sistemas, acreditando poder fazer mudanças importantes nas instâncias que ele entende necessitarem de uma expressiva revisão. Neste âmbito, também devem arrolar-se os artistas que não convivem com esta problemática, praticando a sua arte como a única forma de expressão que conhecem, e com a qual convivem como uma força quotidiana. Seja como for, o artista acaba sempre por trabalhar para os que o acolhem, e para quem com eles estabelece aquela linha que enforma a arte enquanto produção estética intencional. Sem este enfiamento de trans-relações não podemos falar de artistas, também porque não podemos falar de arte.

---

[222] Vicenç Furió (— *Sociología del Arte* …, p. 279) escreveu que: «Las técnicas de venta de obras de arte también se há diversificado, y son perfectamente equiparables a las que se utilizan para cualquier otra mercancia. Hace tiempo que funcionan supermercados de arte — con carritos incluídos, en los que se depositan las obras de arte que se van comprando — y recientemente una galeria barcelonsea lanzó una singular oferta, según la cual, si se compraba una seria de pinturas del artista que exponía en la sala, se regalava una bicicleta de montaña y un juego de maletas de estilo colonial.».

Não nos sobram dúvidas sobre um aspecto relevante que se escreve em fim de súmula.
É que a obra de arte, para além das energias que provocam os seus tantos *devires* teóricos,
mantém-se como uma entidade viva e pulsante desde o seu aparecimento. Porque ela é feita de
fogo e de terra, de ar e de água, de amor e de raiva, e ela é torrente que jorra, incandescente,
descendo pelas fímbrias da alma daquele que a concebe e dá ao mundo, em oferenda mágica,
porque o mundo deve dizer-se em escritas feitas de plasma ardente. O efeito que a arte causa
nos homens leva-os a discorrer longamente, procurando os caminhos para sua elucidação, e no
entretiecimento dessas demoradas pesquisas surgem caminhos sempre desviantes, sempre
cheios de inquietudes, porque manobrados sempre à luz da própria arte que assim se nos
desvela como um enredo sibilante.

Bibliografia

ADORNO, Theodor W., *Teoria Estética*, Lisboa, Edições 70, 1982;

— *Experiência e Criação Artística*, trad. Artur Morão, Lisboa, Edições 70, 2003;

— *Sobre a Indústria da Cultura*, Coimbra, Angelus Novus, 2003;

— *Lições de Sociologia*, trad. Artur Mourão, Lisboa, Edições 70, 2004;

ANTAL, Frederick, *Classicismo y Romanticismo*, Madrid, Alberto Corazón, 1978;

— *El mundo florentino y su ambiente social. La república burguesa anterior a Cosme de Médicis: siglo XIV-XV*, trad. castelhana Juan Antonio Gaya Nuño, Madrid, Alianza Forma Editorial, 1989;

ARGAN, Giulio Carlo, *Arte e Crítica de Arte*, trad. Helena Gubernatis, Lisboa, Editorial Estampa, 1988;

ARGAN, Giulio Carlo e FAGIOLO, Maurizio, *Guia de História da Arte*, Lisboa, Estampa, 1994;

BAZIN, Germain, *História da História da Arte*, São Paulo, Martins Fontes, 1989;

BENJAMIN, Walter, «A obra de Arte na era da reprodutibilidade técnica», *Sobre Arte, Técnica, Linguagem e Política*, Lisboa, D'Água Editores, Col. Antropos, 1992;

BURCKHARDT, Jacob, *A Civilização do Renascimento Italiano*, Lisboa, Editorial Presença, 1983;

CHALUMEAU, Jean Luc, *As Teorias da Arte, filosofia, crítica e história da arte de Platão aos nossos dias*, Lisboa, Instituto Piaget, 1997;

CHECA CREMADES, F., *et alli*, *Guia para el Estudio de la Historia del Arte*, Madrid, Cuadernos de Arte Cátedra, 1980;

CREPSI, Franco, *Manual de Sociologia da Cultura*, Lisboa, Editorial Estampa, 1997;

CRUZ, Maria Teresa «Prefácio» a Hans Robert Jauss, *A Literatura como Provocação*, Lisboa, Veja, 1993;

Durkheim, Émile, *As regras do método sociológico*, trad. Eduardo Lúcio Nogueira, Lisboa, Presença, 2004;

Duvignaud Jean, *Sociologia del Arte*, trad. e edição Ediciones 62, Barcelona, 1988;

Elias, Norbert, «La autoridad del passado: en memorio de Theodor W. Adorno (2)», trad. de José María Pérez Gay, *Nexos*, 1979. Disponível em <http://www.kuwi.uni-linz.ac.at/hyperelias/z-elias/abstracts/FullText-spa-1979-T-spa-1.htm>). Último acesso em Janeiro de 2010;

Francastel, Pierre, *Sociologia del arte*, Madrid, Alianza Editorial, 1975;

— *Pintura e Sociedade*, trad. Luís Eduardo de Lima Brandão, S.P., Martins Fontes, 1990;

—*A Realidade Figurativa*, trad. Mary Amazonas Leite de Barros, S.P., Editorial Perspectiva, 1993;

Furió, Vicenç, *Sociología del Arte*, Madrid, Ediciones Catedra, 2000;

Gonçalves, Carla Alexandra, *Psicologia da Arte*, Lisboa, Universidade Aberta, 2000;

— *Introdução à Sociologia da Arte*, Caderno de Apoio, Lisboa, Universidade Aberta, 2001;

Gyddens, Anthony, *Capitalismo e Moderna Teoria Social*, Lisboa, Editorial Presença, 2000;

Hadjinicolaou, Nicos, *História da Arte e os Movimentos Sociais*, Lisboa, Edições 70, 1989;

Hauser, Arnold, *Introducción a la historia del arte*, Madrid, Editorial Guadarrama, 1961;

— Arnold, *A Arte e a Sociedade*, Lisboa, Editorial Presença, 1984;

— Arnold, *Teorias da Arte*, Lisboa, Editorial Presença, 1988;

Hegel, Friedrich, *Estética, o Belo artístico ou o Ideal*, trad. Orlando Vitorino, Lisboa, Guimarães Editores, 1983;

Heidegger, Martin, *A origem da obra de arte*, Biblioteca de Filosofia Contemporânea, Lisboa, Edições 70, 1989;

Luckàcs, György, *Introdução a uma estética marxista. Sobre a particularidade como categoria da estética*, Rio de Janeiro, Ed. Civilização Brasileira, 1970;

MARCUSE, Herbert, *A Dimensão Estética*, Lisboa, Edições 70, Col. Arte & Comunicação, 1981;

— *A Ideologia da Sociedade Industrial, o Homem Unidimensional*, Rio de Janeiro, Zahar Editores, 1982;

MARX, Karl e ENGELS, Friedrich, *Escritos sobre arte*, Barcelona, 1969;

— *Manifesto do Partido Comunista*, Coimbra, Col. Textos do nosso Tempo, Centelha, 1974;

MELO, Alexandre, *O que é a Arte*, Lisboa, Quimera Editores, 2001;

MENZE, Christoph, *La soberanía del arte, La experiencia estética según Adorno y Derrida*, trad. Ricardo Sánchez Ortiz de Urbina, Madrid, Visor, 1997;

MONTEIRO, Paulo Filipe, «Os usos das artes na era da diferenciação social: críticas e alternativas a Pierre Bourdieu», *in Comunicação e Linguagem*, n.ºs 12 e 13, 1991;

— «Públicos das Artes ou Artes Públicas?», *in Percepção Estética e Públicos de Cultura*, Lisboa, ACARTE, 1992;

— *Os Outros da Arte*, Lisboa, Celta Editora, 1996;

MORA, José Ferrater «Materialismo histórico», *Diccionario de Filosofia*, Tomo III, Madrid, Alianza Editorial, 1979;

MORAWSKI, Stefan, *O realismo como categoria artística*, trad. Manuel Simões, S. P., Nova Realidade, 1968;

PANOFSKY, Erwin, *Idea, Contribuición a la historia de la teoría del arte*, trad. Maria Teresa Pumeranga, Madrid, Ensaios de Arte Cátedra, 1989;

— *O significado das artes visuais*, Lisboa, Presença, 1989;

PLAZAOLA, Juan, *Modelos y Teorías de la História del Arte*, San Sabastián, Faculdad de Filosofia y Letras, Universidad de Duesto, 1987;

PLEKHANOV, Georges, *A arte e a vida social*, Lisboa, Moraes Ed., 1977;

REIS, Carlos, *O discurso ideológico do neo-realismo português*, Coimbra, Livraria Almedina, 1983;

Serrão, Vítor, *O Maneirismo e o estatuto social dos pintores portugueses*, Lisboa, Imprensa Nacional-Casa da Moeda, 1983;

Serrão, Vítor, «A História da Arte em Portugal: uma disciplina em perspectiva», *Actas dos 3.ᵒˢ Cursos Internacionais de Verão de Cascais*, Cascais, Câmara Municipal de Cascais, 1996;

Shils, Edward, *Centro e Periferia*, Col. Memória e Sociedade, Lisboa, Difel, 1992;

Tàpies, Antoni, *A prática da arte*, trad. Artur Guerra, Lisboa, Gradiva, 2002;

Townsend, Dabney, *Introdução à Estética, História, Correntes, Teorias*, trad. Paula Mourão, Lisboa, Edições 70, 2002;

Weber, Max «O sentido da 'neutralidade axiológica' nas ciências sociológicas e económicas», *Sobre a Teoria das Ciências Sociais*, Lisboa, Editorial Presença, 1977;

Wheen, Francis, *Karl Marx, a Life*, Hardcover, 2000;

Wölfflin, Henrich, *Conceitos fundamentais de História da Arte*, trad. João Azenha Jr., São Paulo, Martins Fontes, 1996.